Ana Cristina Brandão Ribeiro Silva

PROFISSIONAL MULTIDISCIPLINAR

Literare Books
INTERNATIONAL
BRASIL · EUROPA · USA · JAPÃO

Presidente do conselho:
Maurício Sita

Presidente:
Alessandra Ksenhuck

Vice-presidentes:
Cláudia Pires e Julyana Rosa

Diretora de projetos:
Gleide Santos

Consultora de projetos:
Daiane Almeida

Coordenadora editorial:
Amanda Moura

Editor:
Anselmo Vasconcelos

Assistentes editoriais:
Emerson Xavier e Júlia Almeida

Capa, projeto gráfico e diagramação:
Gabriel Uchima

Revisão:
Angélica Mendonça e Ivani Rezende

Impressão:
Printi

Dados Internacionais de Catalogação na Publicação (CIP)
(Câmara Brasileira do Livro, SP, Brasil)

Silva, Ana Cristina Brandão Ribeiro
Profissional multidisciplinar / Ana Cristina Brandão Ribeiro Silva. -- 1. ed. -- São Paulo : Literare Books International, 2025.

ISBN 978-65-5922-978-9

1. Conhecimento humano 2. Educação 3. Multidisciplinaridade I. Título.

24-232074 CDD-370

Índices para catálogo sistemático:

1. Educação 370

Aline Graziele Benitez - Bibliotecária - CRB-1/3129

Literare Books International
Alameda dos Guatás, 102 – Saúde – São Paulo, SP
CEP 04053-040
Fone: +55 (0**11) 2659-0968
site: www.literarebooks.com.br
e-mail: literare@literarebooks.com.br

MISTO
Papel | Apoiando o manejo florestal responsável
FSC® C196274

DEDICATÓRIA

Este livro é dedicado aos meus filhos, Antonio Carvalho e Giovanna Ribeiro, e ao meu esposo, Antonio Reinaldo, que sempre me apoiaram nos meus projetos, independentemente dos desafios e da complexidade.

Dedico também a todos os profissionais de Secretariado, Administração, Gestão Pública, Contabilidade, Pedagogia e Sistemas de Informação que de uma forma ou de outra contribuíram para o ensino e o aprendizado do conhecimento dos profissionais, bem como para que as respectivas profissões alcançassem o patamar em que hoje se encontram. E aos meus alunos dos cursos de graduação, pós-graduação e extensão que de alguma forma participaram e colaboraram com os assuntos discutidos nesta obra.

PREFÁCIO

Este livro retrata as experiências da autora com o curso para assistentes e secretários que atuam no âmbito jurídico, além dos acadêmicos dos cursos de Administração, Ciências Contábeis, tecnólogo em Gestão Pública, Pedagogia, Secretariado Executivo e Sistemas de Informação na disciplina Projeto Integrador. Trata-se de uma obra repleta de experiências vivenciadas, as quais foram fundamentais para o desenvolvimento de seu conteúdo. Compreende-se que os textos não oferecem respostas imediatas, mas propiciam a construção de conhecimento, atuação profissional e aplicação das práticas das teorias referenciadas aos cursos.

Nessa perspectiva, sugere-se a leitura deste magnífico trabalho, que apresenta vivência e sensibilidade em cada página, demonstrando as competências profissionais, individuais, cognitivas e específicas aprendidas durante a vida da docente, dos profissionais e dos acadêmicos, tais como empatia, inovação, criatividade, gestão, entre outras.

Ao longo dos capítulos que se seguem, pode-se apreciar o contínuo esforço para superar o habitual diálogo estabelecido nos termos definidos por seus entendimentos, apresentando uma produção moderna e didática na busca de compartilhar informações sobre os mais variados assuntos que tratam das dimensões profissionais, tecnológicas, educacionais e ambientais. Desse modo, a autora transmuta em descrição textual exemplificações e parte para elementos imprescindíveis da formação, da atuação e do conhecimento profissional e acadêmico.

É possível observar como a autora compartilha sua experiência na condução dos cursos, os quais proporcionam o desenvolvimento das competências profissionais essenciais da área para assistentes e secretariados executivos no âmbito jurídico. Além disso, encontram-se aspectos das competências profissionais com discussões na perspectiva de aspectos tecnológicos, digitais e inovadores, ampliando o conhecimento e a modernização da formação para uma atuação profissional, além das suas dimensões com base nas experiências do Projeto Integrador e dos cursos ministrados nos respectivos campos de estudos.

Há textos sobre a atuação dos profissionais, os quais levam o leitor a refletir sobre que atividades e ações podem contribuir para a formação do acadêmico em seu futuro profissional, indicando a importância da aplicação de novas metodologias de trabalho e levando-o a repensar como assuntos de áreas multidisciplinares, transdisciplinares e transversais do conhecimento impactam as profissões e refletem no cotidiano. Afinal, são aspectos que devem ser considerados nas relações interpessoais e sociais.

Neste livro, a representação da importância da educação merece destaque, pois apresenta conceitos e exemplos de ações que transformam indivíduos. Esse ponto é relevante, pois os resultados das práticas apreendidas no Projeto Integrador podem promover e contribuir com os docentes da área para reavaliar e ajustar algumas atividades, visando aperfeiçoar o modo de ensino e o aprendizado do estudante. Enfim, é importante destacar o entendimento dos pontos principais do livro, fazendo uma análise das mudanças atuais, considerando seu grande impacto nas vidas dos profissionais.

Dito tudo isso, enfatiza-se que cada parte do livro tem um valor agregado a partir da construção do conhecimento em relação às atividades produzidas, em forma de questões, caça-palavras, dentre outras, apresentando uma metodologia didática de propiciar o ensino e a aprendizagem.

Assim, considero esta obra uma lente que amplia o conhecimento por meio da experiência da autora, bem como da criatividade e de percepções dos próprios profissionais e estudantes em relação às etapas que foram construídas.

Rafael Freitas de Oliveira

Advogado
Diretor-geral da ESA-OAB/DF no período de junho de 2021 a março de 2024
Mestre em Direito das Relações Internacionais

INTRODUÇÃO

O objetivo principal deste livro é criar possibilidades para os profissionais refletirem sobre suas competências, ao perpassar pelo trinômio e polinômio das competências, visando construir um plano tático de atividades com base no autoconhecimento, no conhecimento técnico e vivencial, nas habilidades envoltas pelas atitudes. Tudo isso para desenvolver suas atribuições conforme o ambiente em que atuam, alcançando os resultados organizacionais da empresa em que trabalham. Além disso, que possam experimentar e vivenciar o conhecimento por meio dos exercícios desenvolvidos, especificamente, para aplicação do assunto discutido nesta obra técnica.

Assim, o leitor é convidado a ingressar nessa dimensão do mundo de trabalho dos profissionais de secretariado, principalmente, na atuação do âmbito jurídico, com desempenho profissional guiado pela multidisciplinaridade de seus conhecimentos, a polivalência de habilidade e o empreendimento de atitudes que resultam nos objetivos da organização em que estão atuando. E também a ingressar no mundo acadêmico de Administração, Contabilidade, Gestão Pública e do próprio Secretariado Executivo por meio de teoria, experiência acadêmica e prática vivenciada na disciplina do Projeto Integrador, com a diversidade de práticas e inovações, além da criação, aumentando suas capacidades para aplicar competências.

As situações que envolvem as teorias discutidas em torno das competências, das práticas e do desenvolvimento de produtos que resultam em conhecimentos acadêmicos e profissionais para a formação das áreas supracitadas e mencionadas nos textos a seguir indicam uma linha de conhecimentos exigidos em todas as organizações, principalmente, considerando as competências individuais, técnicas e cognitivas.

No panorama atual do mundo mercadológico e profissional, é importante discutir ações que possam ser experimentadas em relação à teoria aprendida pelos acadêmicos. Diante desse contexto, serão apresentadas também algumas ações desenvolvidas após mais ou menos 18 anos de experiência na disciplina Projeto Integrador dos cursos de graduação citados, bem como pesquisando, refletindo e ministrando o curso Secretariado no Âmbito Jurídico.

A **parte 1** deste livro aborda o significado da competência na visão de vários autores, quanto às transformações profissionais que ocorrem aceleradamente neste mundo tecnológico, digital e inovador, além de uma retrospectiva sobre o significado de competências.

A **parte 2** contextualiza as dimensões das competências com uma visão atual sobre o assunto, apresentando casos fictícios produzidos e desenvolvidos pela própria autora, com base nas experiências das aulas e dos cursos ministrados no respectivo campo de estudo.

A **parte 3** aborda a atuação dos profissionais com um viés para a aplicação das competências com o detalhamento de cada uma, e como elas podem contribuir para o desenvolvimento de atividades, solução de problemas, desafios e promoção de ideias inovadoras. Também, são contextualizados os tipos de conhecimento de forma geral e suas definições com o estudo, a pesquisa e a percepção da autora, bem como os conhecimentos, as habilidades e as atitudes inerentes ao Secretariado no Âmbito Jurídico com a utilização de estudos de casos. Ainda, encontra-se neste capítulo o papel gerencial, perfil e performance profissional, e os elementos considerados como diferenciais para se destacar no âmbito jurídico (funções e atividades).

A **parte 4** permeia a área acadêmica com a apresentação da construção da formação do indivíduo para o mercado de trabalho por meio das experiências no ensino superior. Assim, discute-se e descreve-se o desenvolvimento das competências adquiridas na esfera do ensino por meio de metodologia prática, com a contribuição de diversas disciplinas que direcionam a atuação das profissões enfatizando a importância do conhecimento explícito e tácito, por intermédio da disciplina Projeto Integrador, que é composta de interdisciplinaridade, multidisciplinaridade, inovação e transformação. São utilizadas as experiências vivenciadas pela autora na atuação da docência do ensino superior, apresentando, aplicando e compartilhando conhecimentos e também com outras disciplinas e demais cursos que já ministrou.

Apresentam-se a seguir a construção e as experiências com os graduandos dos cursos de Administração, Ciências Contábeis, Secretariado Executivo, Sistemas de Informação, Pedagogia e Gestão Pública. Foram trocas de conhecimentos que geraram a gama de registros, ações e resultados divulgados neste material.

SUMÁRIO

Pílula 1:
O conhecimento é um oceano vasto. Um profissional multidisciplinar navega por suas correntes com curiosidade e coragem.

PARTE 1: TRANSFORMAÇÕES PROFISSIONAIS

As transformações oriundas do mundo digital promoveram caminhos de atuação diferenciados para todas as profissões. Assim, compreender esse assunto pela lente de autores da área é imprescindível para analisar a importância das competências no desenvolvimento das atividades, pois as profissões não mudam, mas evoluem, ou seja, devem acompanhar as necessidades e demandas organizacionais. Nesse viés, o conhecimento sobre a terminologia discutida neste capítulo e suas definições devem fazer parte do planejamento das atribuições de quem exerce cargos ou funções nas empresas.

Dessa forma, deve-se primeiro compreender a competência e, posteriormente, suas dimensões e importância no âmbito organizacional. Assim, apresenta-se a visão das literaturas americana, francesa e brasileira, buscando indicar atividades profissionais como estratégias e processos relacionados ao desenvolvimento dos trabalhos em diversas áreas.

Pílula 2:
Ser multidisciplinar é como ser um artista e um cientista ao mesmo tempo. Combinando criatividade com análise, criamos soluções únicas.

CAPÍTULO 1: O QUE É COMPETÊNCIA?

As competências indicadas pelas literaturas sobre o assunto, como conhecimentos, habilidades e atitudes, são denominadas por Silva (2010) de trinômio das competências, com a reflexão sobre quais dimensões precisam ser desenvolvidas e implementadas à formação acadêmica do secretário. As dimensões que se somam a essas, tais como entorno e valores referenciados por Mussak (2010), são caracterizadas, ainda por Silva (2010), como polinômio das competências observando sua importância para o mercado de trabalho, bem como os aspectos da experiência, da vivência e dos critérios de qualificação. Ressalta-se que os profissionais precisam compreender o momento e o ambiente em que se encontram para refletir sobre as ações empregadas, se estão adequadas a tal realidade. "São inúmeras possibilidades de erros e acertos, oportunidades das quais as competências estão no centro da questão" (Silva, 2010, p. 2).

Independentemente do ramo da empresa em que o profissional vai atuar, são necessárias preparação e atualização com a capacidade de visão holística e análise sistêmica, considerando as variáveis existentes nos sistemas e subsistemas para poder compreender como se deve posicionar e agir.

Assim, serão abordados neste capítulo tanto os conceitos franceses, americanos e brasileiros, que discutem sobre o tema, como as dimensões das competências (trinômio e polinômio), perpassando cada uma delas e indicando sua importância para o desempenho das atividades de modo a alcançar os objetivos organizacionais.

As competências, na visão de autores que abordam o respectivo assunto, podem ser observadas nos quadros demonstrativos a seguir, os quais apresentam o contexto da evolução das definições, com citações fundamentadas.

Quadro 1 - Contextos sobre competência na visão americana

Autor	Contexto/Significado	Reflexão
McClelland (1973)	A competência vai além do conhecimento teórico.	Compreende-se que a gestão de competências faz parte das ideias do autor em relação às experiências e à aplicação da teoria.
	Importante avaliar outras habilidades (social, liderança, interpessoal) além do conhecimento teórico.	Nessa perspectiva, é possível avaliar o nível/grau de competência para o indivíduo assumir cargos ou funções.
Spencer Junior e Spencer (1993, p. 9-10)	"[...] controlam a efetividade do desempenho individual quando lidam com [...] as dificuldades das pressões no contexto.	Existem outras competências a depender do contexto e ambiente.
Boyatzis (1982)	Conjunto de conhecimentos, habilidades, atitudes, características e traços que definem um desempenho superior.	Compreende-se como os recursos que o indivíduo possui para exercer funções, que exigem a inteligência e a personalidade das pessoas.

Fonte: adaptado de McClelland, 1973; Spencer Junior e Spencer, 1993; e Boyatzis, 1982.

A visão americana compreende uma conjunção de elementos que subsidiam o profissional por meio das suas qualificações e competências individuais a alcançar a supremacia no desenvolvimento de atividades ou situações. Essa visão apresenta o formato indicado por Taylor e Fayol com relação ao cargo. Nessa perspectiva, o indivíduo, por meio do desempenho, consegue atuar no mercado de trabalho e executar suas atividades.

Em relação à teoria francesa, é percebido que o aprendizado é o impulso e o elemento principal para desenvolver as competências por meio do treinamento de desenvolvimento técnico e qualificado. Assim, o ensino e o trabalho estão vinculados ao processo de aprendizado. Nessa visão, destaca-se o que é realizado ou produzido no contexto do trabalho.

Quadro 2 - Contextos sobre competência na visão francesa

Autor	Contexto/Significado	Reflexão
Le Boterf (2003, p. 53)	"A competência do profissional depende da rede (ou das redes de saber às quais ele pertence)."	Para que a competência se manifeste, é essencial a presença de um agente ativo. Isso implica que a pessoa deve aprender por meio de formação e experiências reais ou simuladas.
Perrenoud (1999, p. 35-36)	"[...] toda competência amplamente reconhecida evoca uma prática profissional instituída, emergente ou virtual."	Consideram-se as competências individuais (micro) e organizacionais (macro), tendo em vista o compartilhamento de informações entre elas.
Perrenoud (2013, p. 45)	"[...] está inserido em diferentes campos conceituais e se refere a diferentes problemáticas de diferentes disciplinas."	Engloba a atuação do profissional em diversas áreas do conhecimento com ações fundamentadas em multidisciplinaridade.
Zarifian (2001)	Existe uma relação com o contexto em que a pessoa se encontra.	Relaciona a competência com as situações que se sustentam sobre os conhecimentos transformados a partir da complexidade dessas situações.

Fonte: adaptado de Le Boterf (2003); Perrenoud, 1999 e 2013; e Zarifian, 2001.

Na realidade, a visão francesa sobre competências é direcionada a aspectos comportamentais, porém, ligados ao desenvolvimento do indivíduo no aspecto pessoal e profissional, indicando que não se trata especificamente de sua qualificação, senão ao que é produzido no trabalho. Dessa forma, percebe-se que o entorno em que o profissional se encontra tem um papel de destaque neste modelo, principalmente considerando a cultura e o contexto organizacional.

Quadro 3 - Contextos sobre competência na visão brasileira

Autor	Contexto/Significado	Reflexão
Fleury, M. e Fleury, A. (2001)	A competência indica promover e utilizar recursos e conhecimentos que proporcionem rendimento à empresa e valor social ao indivíduo.	O indivíduo precisa compreender seu papel e cumprir suas responsabilidades com estratégia e ter sintonia com as competências individuais e organizacionais e as estratégias da empresa.
Dutra (2001, p. 27)	"[...] indivíduo saber agir de maneira responsável e ser reconhecido por isso."	É necessário que o profissional tenha o reconhecimento da empresa ao executar suas atribuições.
Chiavenato (2014, p. 118)	"A competitividade organizacional depende da competência das pessoas. Elas proporcionam o capital humano da empresa."	O indivíduo precisa do conjunto de competências para desenvolver suas atividades na organização.
Vergara (2003, p. 38)	"[...] é desenvolvida pelo fluxo de interação entre mentalidade, prática e tarefa."	A mentalidade, a prática e a tarefa não constituem um perfil de competência; é necessária interação sistêmica entre esses elementos.
Silva (2009, p. 176-177)	"As competências dos profissionais devem estar sintonizadas de tal forma que agreguem valor à organização." "A competência requerida ao perfil adequado às novas transformações não se resume apenas a instruções prescritas, mas a diversas competências e ações que superem as expectativas organizacionais."	Necessidade do agrupamento de conhecimentos para manipular as habilidades adquiridas ou apreendidas. Só a formação acadêmica não certifica que o profissional tenha as condições necessárias para exercer função ou cargo. É preciso conhecimento com base no aprendizado, nas práticas vivenciadas em determinadas situações e nas atitudes como tomada de ações.

Fonte: adaptado de Fleury, M. e Fleury, A., 2001; Dutra, 2001; Chiavenato, 2014; Vergara, 2003; e Silva, 2009.

Percebe-se na visão brasileira a tendência das teorias americana e francesa sobre competência. Fleury e Fleury indicam uma abordagem nos modelos de Le Boterf, além da importância de agregar o valor econômico, mas enfatizam a questão de agregar o valor social ao indivíduo, pois, além do investimento organizacional, precisa haver o individual. Já Silva (2009) discute e apresenta os dois modelos, observando a necessidade de sinergia entre as competências.

Nos significados apresentados, observa-se que o papel funcional se encontra relacionado à ação humana para a eficiência do cumprimento da atividade. Assim, considerando a necessidade da harmonia e da conexão entre as dimensões da competência, há os seguintes exemplos de casos fictícios para reflexão:

Exemplo 1

Um médico, para exercer sua profissão, precisa do conhecimento técnico, sua certificação comprobatória. Precisa conhecer o corpo humano, as doenças e seus tratamentos. Contudo, precisa ter habilidade para aplicar os seus conhecimentos. Na sequência, ter comportamentos dignos de alguém que vai lidar e interagir com pessoas. Além disso, precisa conhecer sobre legislações inerentes à vida humana, cidadania, ética, moral, entre outras.

Exemplo 2

O secretário, para exercer suas atividades, precisa do conhecimento técnico, comprovação das disciplinas aprendidas. Porém, também necessita ter habilidade para aplicar seus conhecimentos no desenvolvimento das atividades, tais como: planejamento, funções administrativas, gestão secretarial, entre outros. Além disso, precisa ter o conhecimento específico do ramo da empresa em que está atuando, com habilidades políticas e atitudes coerentes com o público que atenderá.

Fonte: autoria própria.

A partir da leitura dos exemplos 1 e 2, reflita sobre o que é preciso para o exercício das profissões. Ainda nesse viés, cita-se Silva (2010), que ressalta a amplitude das competências, indicando a valorização do indivíduo conforme as dimensões complexas que ele domina. E, nessa direção, compreende-se que a competência é um rol de elementos traduzidos em comportamentos, aprendizado e experiências vivenciadas na academia, no trabalho e na sociedade ao longo da vida do profissional.

CAPÍTULO 2: DIMENSÕES DAS COMPETÊNCIAS

As competências surgem como práticas individuais, técnicas, sociais, práticas e cognitivas que de alguma forma são relacionadas às atividades laborais. Nesse sentido, pode-se descrever o trinômio das competências (Silva, 2010), que são abreviadas na literatura como CHA, da seguinte forma: conhecimento, habilidade e atitude. Essa concepção foi considerada com o estudo de McClelland na década de 1970, sendo discutida por diversos autores e utilizada nas empresas, principalmente na abordagem da gestão de competências e desempenho. Contudo, a sigla em si foi criada por Schott B. Parry, especializado em treinamento, PhD e consultor na área.

Figura 1 - Trinômio das competências

Conhecimento	Constitui o acúmulo de saber que o indivíduo consolidou durante sua vida, tais como conceitos, ideias, dentre outros.
Habilidade	Aplicação do conhecimento diante de situações, ações, proposições, dentre outros.
Atitude	Relacionada ao sentimento ou à predisposição do indivíduo, comportamento social e afetivo no trabalho.

Fonte: adaptada de Silva, 2010.

Além do trinômio, destacam-se as duas dimensões citadas anteriormente, **valores e entornos**, indicadas como polinômio das competências por Silva (2010). Elas foram apresentadas por Mussak (2010) como elementos que constituem as competências. Em ambas as perspectivas, compreende-se que os **valores** são princípios que direcionam nossas ações, e consequentemente as competências, principalmente, em relação a ética e moral associadas às nossas atitudes.

Já a dimensão **entorno** não é intrínseca do indivíduo, mas constitui-se como ambiente e instrumentos que influenciam de certa forma as ações. Nessa direção, infere-se que a sinergia entre as dimensões é imprescindível para o bom resultado do desempenho das atividades. Dito isso, destaca-se que as atividades, para se consolidarem, realmente precisam estar em sintonia e, caso falte algum elemento, poderá prejudicar o resultado.

Lembre-se: as competências são as ferramentas estratégicas, táticas e operacionais que devem ser aplicadas no contexto em que você está atuando, com adaptações, ajustes, mudanças e desempenho!

No caso a seguir, é possível refletir e interpretar como o profissional deve fazer o atendimento de qualidade ao público interno ou externo efetivamente.

Exemplo 3

O atendimento com qualidade pelo profissional exige conhecimento dos procedimentos e processos de trabalho da empresa, saber o que falar, ter a habilidade de comunicar-se manifestando segurança e receptividade e ter os instrumentos para agir. Se faltar algum elemento, a ação não terá efetividade.

Consolidando as dimensões encontradas na literatura e observando o ciclo delas, apresenta-se na Figura 2 o polinômio das competências citado por Silva (2010), havendo também a possibilidade de representá-las com as palavras que formam a terminologia **CHAVE**.

Essa perspectiva envolve um processo decorrente de necessidades, demandas, expectativas e imposições das organizações, assim como das **competências individuais**. Dessa forma, o resultado do desempenho profissional é determinado pela sintonia dessas dimensões e da avaliação da empresa sobre a experiência e a atuação profissional em conjunto com as diretrizes organizacionais, que por sua vez são constituídas de políticas, procedimentos e decisões ligadas a espaços ocupacionais, níveis organizacionais, promoção, compensação e movimentação de pessoas.

Figura 2 - Polinômio das competências

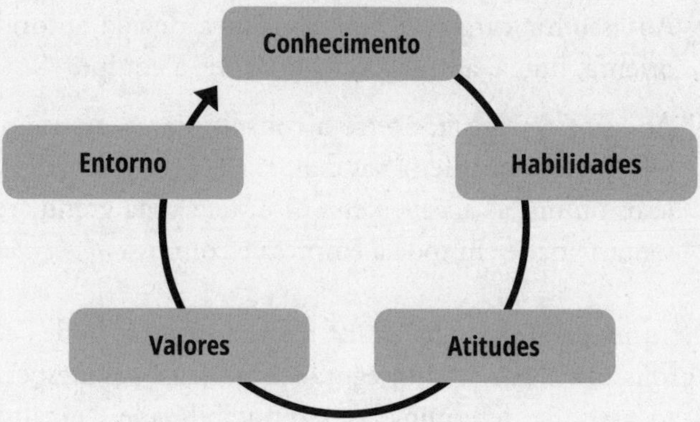

Fonte: adaptada de Silva, 2010.

De acordo com Perrenoud (2013), no atual mundo do trabalho, o desenvolvimento de competências é uma exigência, não é uma opção. Trata-se de uma condição *sine qua non*, sendo cada vez mais raros os setores que conseguem permanecer sem evoluir, sem aprender e sem inovar. Assim, a qualidade do trabalho do profissional está relacionada a sua capacidade de compreender ambiente, demandas, exigências, adaptações, bem como utilizar adequadamente seu **rol de competências**, procurando atualizá-lo e aperfeiçoá-lo sempre que for necessário.

O profissional perpassa por diversas fases, a depender do nível de complexidade e de seu âmbito de atuação. Por exemplo:

- Ao auxiliar, possivelmente, tem alguém ou uma gerência monitorando o que a empresa espera dele.
- Ao assessorar, conquista a condição de utilizar suas competências com independência de posicionamento e aplica seus conhecimentos subsidiando seu executivo ou gestor com a tomada de decisões. Neste nível, consegue demonstrar sua capacidade e credibilidade no contexto ou entorno em que atua.
- Ao assumir cargo de direção com a devida autoridade, orienta, lidera, administra e direciona a equipe.
- Ao ser estrategista, exerce a consultoria, conquistando a referência para inferir nas deliberações de atividades, projetos ou outras ações. Nesse caso, tem uma grande representatividade em toda a empresa e com os *stakeholders*.*

Contudo, ao migrar para uma dessas situações, pode ocorrer de o profissional enfrentar insegurança ou situações inesperadas, pois, ao assumir determinadas responsabilidades, geralmente precisa de outro profissional para chancelar as suas decisões. Assim, ao não ter apoio, a natureza da atuação exige muita fir-

* "[...] público estratégico e descreve todas pessoas ou 'grupo de interesse' que são impactados pelas ações de um empreendimento, projeto, empresa ou negócio." Disponível em: https://www.significados.com.br/stakeholder/. Acesso em: 30 jul. 2021.

meza e competências pertinentes para delegar atividades para outros membros ou para a equipe. Além disso, cabe destacar a possível dificuldade para liderar pessoas e ao mesmo tempo ter confiança nas informações ou decisões tomadas.

Muitas vezes, o indivíduo pode ficar na defensiva, talvez pelo costume com seu entorno e atribuições anteriores, surgindo a dificuldade de integração e relacionamento com as demais áreas. Por exemplo, ao assumir uma nova posição, o profissional deveria buscar uma comunicação com os *stakeholders* **externos**, no entanto, por vezes fica somente com a comunicação e o relacionamento no ambiente **interno**.

Nesse cenário, tanto a organização como o próprio profissional precisam reconhecer quais são suas competências, afinal cada indivíduo tem suas diferenças, sejam técnicas, atitudinais ou organizacionais. Então, é importante que ele trabalhe para melhorar seu desempenho profissional desenvolvendo ou aperfeiçoando suas competências **cognitivas**, **organizacionais**, **técnicas** e **individuais**. As **cognitivas** fazem parte da interpretação de ideias e como aplicar, já as **organizacionais** são consolidadas pela visão dos gestores em relação aos movimentos tanto interno como externo que impactam nos objetivos organizacionais, ao passo que as **técnicas** são parte do conhecimento explícito e da metodologia de trabalho adotada pelo profissional. E as **individuais** têm a ver com a maneira como a pessoa se posiciona em relação a alguma situação ou problema.

Logo, é importante que o profissional compreenda quando precisa desenvolver alguma competência, ou seja, adquirir e experimentar algum conhecimento, habilidade, atitude, entorno e valor em relação a determinado tema em seu ambiente profissional. Também é preciso ter o discernimento sobre como aplicar as suas dimensões profissionais a depender de cada situação. O desenvolvimento e a rota de trabalho do profissional se equacionam pela natureza das atribuições e responsabilidades envolvidas, pois são compostas por diferentes elementos, sendo os principais: o público-alvo de seu trabalho, a natureza técnica do conhecimento e a melhor ação para conseguir resultado.

Cabe registrar que os profissionais que pretendem obter sucesso no desenvolvimento de seu trabalho, independentemente da empresa em que estão atuando, devem procurar aprendizado, educação e desenvolvimento contínuos. Afinal, é preciso ter metas claras e definidas, comunicação assertiva e efetiva, boa interlocução interpessoal, entre outros elementos que podem promover significativamente o alcance do bom desempenho profissional.

Além do exposto, o mais basilar é atuar com comprometimento, acreditar naquilo que desempenha, respeitar o círculo de profissionais da empresa, suas posturas, seus comportamentos e seus perfis, além de se autoconhecer e compreender suas características, pois isso reflete nos resultados esperados pela empresa.

Lembre-se: as competências devem ser aprimoradas ou adquiridas, mas essa é uma decisão do profissional.

PARTE 2: ATUAÇÃO DOS PROFISSIONAIS

CAPÍTULO 3: DIMENSÕES-CHAVE APLICADAS ÀS ATIVIDADES

As competências são dimensões-chave que impulsionam e subsidiam os profissionais para o desenvolvimento de suas atividades e atribuições. Assim, compreender cada uma delas faz parte da preparação para aplicar ou adquirir conhecimentos, habilidades, atitudes, valores e entorno, visando à consolidação do trabalho ou ao aproveitamento das oportunidades que surgirem no decorrer da atuação profissional nas atividades estratégicas e táticas das instituições e organizações.

Diante dessa perspectiva, compreender os tipos de conhecimento faz parte das etapas do processo de sua aplicação, o qual se compõe da experiência vivenciada, da interpretação e leitura de artigos, livros, resumos, *papers*, entre outros materiais durante os cursos de formação e extensão, ou relacionadas com as ações praticadas na vida, no ambiente laboral, dentre outros locais, visando subsidiar sua empresa na busca dos resultados e da produtividade organizacionais.

Diante do exposto, pretende-se neste capítulo contextualizar e explicar os tipos de competências existentes na dimensão dos conhecimentos teórico, específico, prático, técnico, social e cognitivo que perpassam a espiral do conhecimento, indicada por Nonaka e Takeuchi (1997), considerados os pioneiros da gestão do conhecimento, conhecida como um processo de aquisição e organização capaz de gerar novos conhecimentos tanto para o profissional como para a organização.

Além disso, pretende-se também discutir o entendimento de Silva (2013) sobre as possibilidades de compartilhamento das experiências acadêmicas e profissionais que o secretário-executivo pode gerar, criar, aplicar e inovar ao transformar seus conhecimentos em valor agregado para a organização em que atua, considerando o alcance dos níveis organizacionais que ele consegue atingir.

Assim, o objetivo principal deste capítulo é promover uma influência de capacitação profissional com o intuito de realizar uma construção do conhecimento em torno das atividades e atribuições do profissional secretário, independentemente do ramo da empresa em que está atuando, com foco no ambiente organizacional jurídico, tendo em vista a experiência da autora ministrando curso dessa área. Assim, o desenvolvimento do conhecimento pode ocorrer em prol dos objetivos esperados pela empresa, seja do ramo jurídico, financeiro ou contábil, entre outros.

Lembre-se: a sua atuação deve ser escolhida conforme suas competências, mas também observando as necessidades e os objetivos da empresa em que trabalha ou vai trabalhar.

Dimensão - Conhecimento

A dimensão do conhecimento promove diversas frentes de atuação para o profissional secretário-executivo nas empresas. Silva (2013) afirma que o domínio do conhecimento, acompanhado de sua aplicação, faz parte do processo que gera benefícios e superação de barreiras no ambiente interno do trabalho. Por outro lado, observa que esse conhecimento gerenciado tende a aproveitar da melhor forma os tipos existentes, tais como conhecimento explícito e tácito, sendo o primeiro oriundo de teoria, registros, livros, entre outros, e o segundo, da vivência e prática que fazem parte da experiência do profissional.

Dessa forma, deve-se primeiro compreender qual conhecimento está sendo discutido nesta seção, e posteriormente compreender cada um. Nessa direção, apresentam-se a seguir definições e os tipos de conhecimento que serão objeto de discussão neste capítulo, tais como teórico, prático, social, cognitivo e social.

A definição de conhecimento na visão de Werneck (2006, p. 176) é a "construção de saberes universalmente aceitos em determinado tempo histórico ou como processo de aprendizagem do sujeito". Contudo, o conhecimento tratado aqui não é estritamente científico, pois, conforme exemplos dados pela autora, a depender da situação não se tem conhecimento científico e, sim, exemplos práticos do ambiente real.

Na busca do saber, Werneck ressalta que o sujeito "pode ter um conhecimento por experiência, como, por exemplo, o modo de dirigir um automóvel sem que tenha a compreensão do processo mecânico que sua ação desencadeia. Pode ainda aceitar, por um comportamento de fé, um ensinamento que lhe é transmitido sem nenhuma consciência de seu conteúdo, como é o caso das superstições. [...] Não se pode, nesses casos, falar em conhecimento propriamente dito ou, pelo menos, em conhecimento científico" (2006, p. 178).

Sendo assim, o tema tratado é direcionado para a dimensão do conhecimento, que promove elementos para o desenvolvimento das atividades profissionais. A seguir, apresenta-se a concepção de alguns autores da área no Quadro 4.

Quadro 4 - Tipos de conhecimento e suas definições

AUTORES	TIPOS	DEFINIÇÃO	PERCEPÇÃO DA AUTORA DO LIVRO
Nonaka e Takeuchi (1997)	Explícito	Objetivo/Saber	Conhecimento registrado em repositório: livro, artigo, ata, entre outros.
	Tácito	Subjetivo/Saber	Experiência vivida e retida na memória do indivíduo, sem formalização ou registro documental.
Fleury e Fleury (2001)	Técnico	Específico	Inerentes à formação acadêmica ou técnica que são comprobatórias e certificam o exercício profissional.
	Social – Ser	Comportamento	Postura diante de situações ou aplicadas.
	Cognitivo	Saber lidar com a informação	Aplicar adequadamente a informação.
Bruno (2006)	Organizacional	Compartilhamento	Dividir os conhecimentos profissionais e individuais com a organização em que trabalha.
	Operacional	Prático	Aquele que se transforma em ação e atitude.

Fonte: adaptado de Nonaka e Takeuchi, 1997; Fleury, M. e Fleury, A., 2001; e Bruno, 2006.

Considerando o entendimento dos autores sobre os tipos e a definição de conhecimento e a percepção da autora, compreende-se que o viés discutido é sobre a atuação e o desenvolvimento profissional, sendo necessário neste percurso discutir o elemento aprendizagem, como citam Fleury e Fleury (2001, p. 190): "percorrer o caminho que vai da aprendizagem individual, para a aprendizagem em grupo, para aprendizagem na organização". Os autores indicam que o maior desafio é de qual maneira transmitir, transferir, passar "da aprendizagem individual para a organizacional" (p. 192).

Figura 3 - Fluxo da aprendizagem

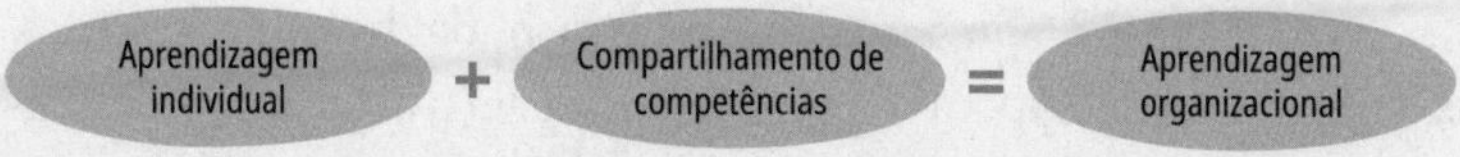

Fonte: adaptada de Fleury e Fleury, 2001.

Seguindo na direção desses autores, que enfatizam o papel dos processos de aprendizagem no desenvolvimento das competências essenciais para a efetividade das estratégias de negócios da organização, compreende-se que as empresas precisam reconhecer ou entender esses aspectos para que possam visualizar a contribuição dos seus profissionais nos resultados da organização conforme suas competências.

Dimensões - Práticas e atitudes

As dimensões das competências voltadas para as práticas e atitudes são parte do ciclo que se constitui para a realização das atividades e atribuições incumbidas ao profissional, podendo citar:

a) Individuais

b) Organizacionais

c) Técnicas

d) Práticas

e) Atitudinais

As competências organizacionais fazem parte do legado cultural e dos procedimentos organizacionais. A depender das ações, precisam que as competências individuais do profissional sejam compartilhadas com a empresa para poder concorrer e apresentar sua competitividade diante do mercado. Por sua vez, as individuais são inerentes à formação acadêmica, pessoal e profissional, do ensino recebido, de sua experiência de vida e do trabalho.

No Quadro 5, apresentam-se os recursos da dimensão conhecimento que se pressupõe como necessários para o profissional desempenhar as atividades no ambiente jurídico. Contudo, é importante destacar que o apresentado tem como base um estudo científico, ou seja, comprovado, de Coutinho (2018), que evidenciou, na visão dos gestores da área jurídica, que o profissional de secretariado necessariamente deve ter nível básico em direito administrativo e processual para contribuir no âmbito do escritório.

O próprio Ministério da Educação (Brasil, 2002, p. 21) indica que o profissional de Secretariado deve ter a formação "para desempenhar com alto padrão de competência, as tarefas peculiares à profissão, contribuindo para a melhoria da qualidade nas relações pessoais, interpessoais e com o mundo exterior, bem como para maior produtividade nas organizações, devendo revelar determinadas competências".

Dessa forma, ao visualizar algumas matrizes curriculares do curso de secretariado, percebe-se a existência de disciplinas nas respectivas áreas de forma introdutória e básica, cabendo ao profissional observar a necessidade de aprofundamento do assunto por meio de uma pós-graduação, curso de extensão, entre outros treinamentos e capacitações na área em que vai atuar no mercado de trabalho.

Ainda no estudo de Coutinho (2018), foi evidenciada a importância de esse profissional fazer coleta de informações, bem como a leitura de publicação, redação de intimações e verificação das pautas de audiências para o encaminhamento ao advogado responsável pelo assunto, visando à otimização do tempo dos gerentes dos escritórios e dos advogados, bem como atuar na coordenação de estagiários e acompanhamento e controle de prazos dos documentos do escritório ou banca.

Também é essencial destacar que cabe ao profissional procurar conhecer algumas terminologias jurídicas citadas por Roldão

(2015), as quais devem ser comentadas, visando enfatizar a necessidade desse conhecimento aos profissionais que atuam na respectiva área.

O estudo de Coutinho (2018) destaca uma lacuna basilar no conhecimento dos gestores da área jurídica em relação à formação e à regulamentação dos secretários executivos. O que chama atenção é que esses gestores possuem um conhecimento parcial sobre a formação abrangente dos profissionais da área. Isso sugere que, embora possam reconhecer o valor do trabalho dos secretários executivos, talvez não compreendam totalmente a amplitude e a profundidade das suas qualificações. Porém, ressaltam que os secretários que atuam em seus escritórios são multifuncionais, transformam dados em informações importantes, impactando e dando elementos para o processo decisório, e também contribuem efetivamente em consultas processuais, pesquisas jurisprudenciais, protocolos e digitalização de documentos probatórios e petições, controle de prazos processuais e rotinas secretariais. Além dessas atividades, Morueco (2006) indica o planejamento da agenda de trabalho, elaboração de documentos e controle, confidencialidade e classificação, planejamento de reuniões, entre outras que serão discutidas durante o discorrer do livro.

Cabe registrar que Coutinho (2018) apresenta afirmações da teoria que evidencia um entendimento do apresentado na pesquisa feita sobre o assunto, pois as atividades, tais como assessoria a executivos, gerenciamento de informações, produção de documentos, gestão documental, supervisão, gestão de arquivos, entre outros, são apontadas por Cordeiro e Giotto (2009).

Dessa forma, considerando as atividades citadas nos respectivos estudos, compreendeu-se ser importante analisar e compor as informações, de tal modo a ampliar o entendimento sobre o assunto com descrição e aquisição das respectivas competências, com base em Fleury e Fleury (2001), Roldão (2015) e Coutinho (2018), conforme demonstrado no Quadro 5.

Quadro 5 - Tipos de conhecimento do secretário no âmbito jurídico

Dimensões	Descrição	Como adquirir
Conhecimento explícito	• Princípios do Direito e legislação concernente ao foco da banca ou escritório. • Compreensão dos Atos Normativos da área jurídica. • Compreensão do contexto dos processos conforme a área ou o ramo da empresa. • Conhecimento sobre informações jurídicas, esclarecimentos e pareceres quanto às decisões que o gestor precise tomar.	Leitura, cursos de extensão, rever disciplinas.
Conhecimento tácito	• Registro dos procedimentos e uso da redação oficial jurídica. • Registro dos procedimentos do uso da língua portuguesa. • Contribuição com a produção e revisão de documentos da área jurídica conforme suas limitações.	Na vivência e prática do trabalho nos escritórios de advocacia.
Conhecimento social	• Princípios das relações humanas.	Por meio de leitura, convivência, aplicação das competências atitudinais, interpessoais e comportamentais.
Conhecimento cognitivo	• Aplicação das informações da forma adequada. • Assessoramento dos gestores e advogados nas reuniões e esclarecimentos de posicionamentos jurídicos dos clientes.	Com a aplicação do conhecimento explícito e tácito. Aplicar as habilidades.

Fonte: elaboração própria com base nos estudos supracitados.

Na percepção de Kobernovicz e Rocha (2021), é possível o trabalho do secretário no âmbito jurídico, principalmente no assessoramento, pois as atividades são diferentes entre si, e cada uma delas tem especificidades consideradas pela competência técnica de cada profissional. Ainda conforme o entendimento de Nonato (2009), a atuação do secretário foi ampliada, de tal forma que Mazulo e Silva (2010) complementam que as suas áreas de competências perpassam diversos tipos de gestão: de carreiras, processos, informação, entre outros.

As atividades dos secretários no âmbito jurídico não podem se confundir com as do gestor advogado, entretanto, podem ser desenvolvidas paralelamente de forma a contribuir efetivamente nos resultados esperados pela banca ou pelo escritório de advocacia. Por outro lado, é importante ressaltar que o advogado é o profissional técnico com conhecimentos jurídicos que pode interpretar as situações que envolvem o caso e, assim, apresentar a defesa com segurança. "O advogado transforma os fatos em lógica e o juiz transforma em sentença" (Ramos, 2009, p. 3).

Considerando a necessidade de analisar o assunto com profissionais que atuam ou atuaram em escritórios e empresas que prestam serviços jurídicos, a autora deste livro aplicou pesquisas em 2021 e 2022 sobre as competências na prática e a percepção referentes a atividades que podem ser desenvolvidas pelo secretário nesse universo. Como resultado da pesquisa entre os participantes dos cursos sobre o tema, foi compreendido que há diversas atividades que consistem como competências.

Assim, foram indicadas as competências que podem ser desenvolvidas pelo profissional secretário, como habilidades políticas no atendimento ao público; comunicação por meio de canais inovadores; análise e distribuição das correspondências físicas e eletrônicas; tramitação de documentos, guias, relatórios, atas, procurações, petições; cadastramento dos clientes; distribuição das atividades advocatícias conforme área de cada advogado; planejamento de reuniões; pesquisa, registro e protocolização de processos; planejamento financeiro (contas); organização dos arquivos digitais e físicos; digitalização dos processos; pesquisa de documentos relacionados às causas do escritório; organização dos cursos e eventos sociais; planejamento de viagens; produção dos relatórios de fluxo de caixa; movimentações dos processos; entrada de clientes; emissão de notas fiscais; subsídio do advogado com informações sobre as ações impetradas; bem como as habilidades e atitudes realizadas pelo profissional no âmbito jurídico, conforme apresentado no Quadro 6.

Quadro 6 - Tipos de habilidades e atitudes do secretário no âmbito jurídico

HABILIDADES	• Domínio da redação oficial jurídica e da língua portuguesa. • Domínio de recursos tecnológicos jurídicos. • Argumentos persuasivos e convincentes. • Planejamento e acompanhamento dos prazos dos processos e assuntos que envolvem ações jurídicas ou similares. • Elaboração de respostas de documentos e notificações, minutas de documentos que necessitem de uma reflexão inicial, antes da redação final do advogado. • Contribuição no desenvolvimento e na redação de políticas internas do escritório ou banca a serem propostas. • Assistência ao advogado quanto às questões administrativas relacionadas às questões jurídicas que venham a surgir. • Assessoramento do gestor ou advogado quanto às demandas em que for solicitado. • Contribuição para redação, revisão e pesquisa dos processos do escritório.	Aplicação dos conhecimentos técnico, explícito, tácito e social.
ATITUDES	• Discrição, respeitando a privacidade do cliente e do escritório. • Predisposição para subsidiar sua chefia em pesquisas sobre os processos. • Predisposição para aprender assuntos inerentes ao escritório. • Ação de otimização do relacionamento entre cliente e empresa, e compreensão e diálogo entre o gestor e o advogado e demais setores administrativos. • Proatividade na discussão de pautas do gestor ou advogado que envolvam pesquisa para apoio aos pareceres.	Aplicação dos conhecimentos tácito e social.

Fonte: adaptado da pesquisa realizada pela autora.

Ainda com base nos resultados da pesquisa aplicada por esta autora aos profissionais que atuam em instituições jurídicas, foram coletados dados sobre as atividades rotineiras executadas: reuniões, recepção, financeiro, apoio administrativo aos advogados, coordenação de rotinas do escritório, assessoramento em reuniões, controle de e-mail e agendas, atendimento externo e interno, recebimento e controle de processos e prazos, processo administrativo, cadastramento de clientes, bem como as consideradas complexas pelos secretários e que são desenvolvidas por eles, como tratamento de dados sensíveis, repasse de informações, gestão de pessoas, coordenação de setor e elaboração de planilha de andamento jurídico.

Nessa mesma pesquisa em 2021, as atividades consideradas pelos respondentes em relação a ter o domínio de execução foram: Língua portuguesa (100%), Recursos tecnológicos (66%), Língua inglesa (nenhum respondente), Redação, Planejamento estratégico, Atendimento ao público (100%), Negociação (66%), Ferramentas de gestão (33%), Funções administrativas (100%), Consultoria (33%), Gestão (33%), Assessoria (66%), Gerenciamento financeiro (33%) e Gestão de recursos humanos (33%).

Já na pesquisa de 2022, as atividades consideradas pelos respondentes em relação a ter o domínio de execução foram Língua portuguesa (28%), Recursos tecnológicos (28%), Língua inglesa (14%), Redação (28%), Planejamento estratégico (28%), Atendimento ao público (71%), Negociação (58%), Ferramentas de gestão (14%), Funções administrativas(72%), Consultoria (14%), Gestão (28%), Assessoria (14%), Gerenciamento financeiro (14%) e Gestão de recursos humanos (14%).

Na referida pesquisa, foi solicitado aos participantes que citassem como achavam que o profissional contribuía com a empresa em que trabalham. Conforme análise de conteúdo, observou-se a frequência de palavras-chave, demonstradas no Quadro 7.

Quadro 7 - Percepções sobre contribuição do profissional com a empresa

Mensagem do respondente	Interpretação de palavras-chave
O profissional, de qualquer área, precisa ser inovador e proativo, sempre querendo aprender mais. Quanto mais conhecimento, mais fácil se habituar em outros lugares e funções.	• INOVAÇÃO • PROATIVIDADE • EDUCAÇÃO CONTINUADA
O profissional que contribui com resultados para a instituição é alguém engajado com a empresa e comprometido com seus objetivos profissionais.	• INTEGRAÇÃO • ENGAJAMENTO • COMPROMETIMENTO • DESEMPENHO
A verdadeira motivação vem da realização, do desenvolvimento pessoal, da satisfação no trabalho e do reconhecimento.	• MOTIVAÇÃO • QUALIFICAÇÃO • INTELIGÊNCIA EMOCIONAL
Que esteja sempre atento às mudanças, pois o mercado está sempre mudando e junto com ele o tipo de clientes atendidos e as demandas.	• FLEXIBILIDADE • ADAPTAÇÃO A MUDANÇAS

Fonte: adaptado da pesquisa realizada pela autora.

Por meio da análise dos resultados da pesquisa, observou-se que os respondentes entendem que é preciso promover cursos ou discussão sobre os modos formais de atendimento, resiliência no local de trabalho e gestão para iniciantes. Em relação à atuação na esfera de assessor, secretário ou assistente, foi citado que a troca de experiências e o reconhecimento do nível de atuação de acordo com a formação acadêmica devem alcançar a capacitação do conhecimento jurídico para a gestão de escritórios, podendo ser praticados e ensinados.

Em relação à contribuição para a atuação eficiente do profissional no âmbito jurídico, foi citada a busca diária por conhecimento, a vontade de se aprimorar e as práticas da rotina de um secretário. Ainda, foi indicado que existem atividades complexas com viés para a área jurídica que podem ser exercidas pelo secretário no âmbito jurídico.

Nesse panorama, o apoio e o assessoramento desse profissional ao advogado destacam-se por sua imprescindibilidade e tornam-se um elemento que propulsiona a exigência de alta qualificação e conhecimento técnico, conforme pode-se observar no Quadro 8, com as atividades consideradas complexas da área jurídica que são desenvolvidas pelos profissionais.

Quadro 8 - Atividades complexas que envolvem a área jurídica

Análise para o encaminhamento dos processos
Acompanhamento e controle dos processos
Registro dos documentos internos
Sinalização de urgências
Controle dos prazos processuais
Gestão de pessoas
Coordenação de setor
Produção de planilhas com andamentos jurídicos
Controle financeiro: folha de pessoal, pagamentos, impostos, clientes, sócios, entre outros
Planejamento e controle da agenda de compromissos
Atendimento ao cliente (telefone, internet, WhatsApp, chat, entre outros)
Auxílio aos advogados no sistema de peticionamento
Agendamento de audiências
Instalação do sistema no computador dos advogados
Redação de documentos para as diretorias jurídicas
Assessoria ao advogado proprietário do escritório
Organização da agenda nos programas e nos sistemas
Acompanhamento da agenda de prazos da controladoria, audiências e sustentações
Atendimento e resposta a e-mails e pedidos por telefone ou WhatsApp
Intermediação da comunicação entre os setores do escritório (financeiro, administrativo, recursos humanos, entre outros)
Organização dos materiais de pesquisas
Priorização do que a chefia considera importante

Fonte: adaptado da pesquisa realizada pela autora.

Em relação a priorizar o que a chefia considera importante, compreendeu-se que é uma atividade que exige discernimento de saber distinguir o que o advogado está considerando prioritário. Além disso, o equilíbrio entre o emocional e o pessoal frente às ações profissionais é um ponto principal para que o profissional possa estabelecer critérios para tomadas de decisões administrativas. A atividade que trata de analisar os processos e fazer o encaminhamento adequado para o advogado que lida com determinado assunto no escritório também envolve diversas ações, tal como reestruturar os agendamentos de audiências dos clientes com o advogado.

Foi perguntado na pesquisa de 2022 quais atividades o secretário não desenvolve, mas poderia assumir. Os respondentes indicaram a elaboração de minutas para cumprimentos de prazos, gerenciamento do escritório, redação de minuta de petição e realização de pesquisas jurídicas, bem como assessoramento de reuniões. Além disso, destacaram o planejamento estratégico e a visão de 360º.

Ainda, os respondentes foram convidados a comentar sobre quais assuntos indicariam para constar neste livro. Sugeriram a dificuldade de inserção no mercado de trabalho e os tipos de aperfeiçoamentos precisos para ultrapassar as dificuldades de colocação profissional.

Diante do exposto e em função da importância da aplicação do conhecimento compartilhado nos cursos, seja de graduação, especialização ou graduação, sobre a atuação dos profissionais que auxiliam e assessoram os gestores jurídicos, apresenta-se a seguir um estudo de caso, simulado por esta autora, visando refletir sobre uma das atividades de redação que envolvem questões jurídicas e poderia ser delegada ao profissional secretário executivo, sendo indicada como uma atividade específica de apoio administrativo nesse universo jurídico. Diante dessa perspectiva, torna-se importante ressaltar que se trata especificamente de uma minuta de conteúdo com informações iniciais que podem ser desenvolvidas, porém, com análise, supervisão e deliberação posterior do advogado responsável pelo processo.

Estudo de caso: Texto jurídico com contribuição do(a) secretário(a)

Um advogado de uma banca de advogados solicita ao seu secretário que prepare a redação inicial de uma petição primária.

Para tal atuação, o secretário precisa saber o que é:

- **Petição primária:** requerimento que contém toda documentação referente ao assunto da petição que resultará na abertura de processo.
- **Petição secundária:** requerimento que contém uma documentação referente a um assunto de petição vinculado a algum processo já existente.

Após leitura do preâmbulo do estudo de caso e com o conhecimento sobre o texto citado, reflita e responda às perguntas a seguir, que poderão servir de debate:

a) De qual conhecimento o profissional secretário precisa para desenvolver a atividade solicitada pelo advogado?

b) O secretário possui competências para redigir inicialmente o referido texto?

c) Na sua concepção, por que o advogado solicitou ao secretário para desenvolver esse tipo de atividade?

Diante dos exemplos apresentados e a aplicação deles, pode-se inferir que a ética, a inteligência emocional, a postura, a boa comunicação, a proatividade, o respeito pela hierarquia e a resiliência evidenciados nos resultados da pesquisa de Coutinho (2018), e encontradas nas pesquisas aplicadas no período de 2021/2022 por esta autora, nos fazem perceber que o conhecimento dos gestores da área jurídica sobre atribuições do profissional de secretariado, bem como suas expectativas e sua percepção sob atuação e contribuição deles para o alcance dos resultados da organização são importantes.

Nessa esteira, é basilar citar as competências indicadas por Durante (2012) em relação ao profissional de secretariado, tais como: técnicas, analíticas, de ação, comportamentais e relacionais.

Quadro 9 - Competências e suas indicações

Competências	Indicação	Descrição	Atuação
Técnicas	Tecnologias Idiomas estrangeiros	Específicas do conhecimento explícito na formação acadêmica	Gerenciamento de informações Auxílio na tomada de decisões Serviços da internacionalização
Analíticas Ação	Gestão das organizações	PDCA Ambiente interno e externo	Gerenciamento dos impactos de decisões em diferentes setores e grupos
Comportamentais Relacionais	Relacionamento no ambiente de trabalho	Habilidades Atitudes Relações interpessoais	Comunicação com as pessoas e unidades para o bom desempenho das atividades

Fonte: adaptado de Durante, 2012.

Quadro 10 - Papel gerencial do secretário-executivo

Mentor	Facilitador	Monitor	Coordenador
Resiliência	Construção	Crítico	Gerenciamento
Empatia	Participação	Reflexivo	Planejamento
Liderança	Colaboração	Compartilhamento	Coordenação
Gestão de pessoas	Negociação	Informação	Direcionamento

Negociador	Inovador	Diretor	Supervisor
Ideias	Criatividade	Planejamento	Orientação
Gestão de pessoas	Mudanças	Organização	Delegação
Equilíbrio	Transformação	Metas e objetivos	Avaliação

Fonte: adaptado de Quinn *et al.*, 2003.

É sabido que o profissional de secretariado executivo tem um leque de disciplinas que o preparam para ter condições de desempenhar tanto atividades administrativas como estratégicas, operacionais, táticas, interpessoais, de assessoria com a interface entre todos setores e hierarquias da organização. Assim, é interessante compreender que o processo compreende uma equação básica, que é:

Aprendizado + Competências = Ampliação de conhecimentos, habilidades e atitudes

Essa é a fórmula ideal para o profissional se destacar nas instâncias das organizações, sejam elas privadas, públicas, do terceiro setor ou de quaisquer ramos de negócios.

Cabe ainda enfatizar que as técnicas secretariais permanecem no escopo da rotina do profissional de secretariado, mas com perspectivas estratégicas, holísticas e complexas na realização das atividades, principalmente considerando que os gestores têm um maior conhecimento sobre as referidas competências e capacidades desse profissional.

A noção de amplitude de atuação do secretário são indicadas pela percepção de Bortolotto e Willers (2005), conforme desenvolvidas no Quadro 11.

Quadro 11 - Perfil de atuação do secretário executivo

Assessor executivo	Gestor	Intraempreendedor	Consultor
Subsidia a organização e o executivo com informações e fundamentações.	Atua em cargo de direção, utilizando suas competências técnicas de planejamento, organização e desenvolvimento.	Empreende internamente na empresa com ações criativas, empreendedoras e inovadoras.	Identifica os problemas, promovendo sugestões para soluções alternativas.

Fonte: adaptado de Bortolotto e Willers, 2005.

Há ainda que se refletir sobre os desdobramentos da atuação desse profissional em tantas dimensões profissionais quando perpassa várias unidades, stakeholders, gerenciamento de conhecimentos e informações, transformando processos e subsidiando as organizações e seus gestores de tal forma que faz parte de tomada de decisão indiretamente.

Além disso, ao fazer o papel de assessor, intraempreendedor, consultor, gestor, tem uma complexidade de atribuições, sendo que algumas exigem discricionariedade, autonomia, independência, ação, proatividade, conhecimento amplo da organização, capacidade de mapear e contribuir na mitigação dos riscos e problemas envolvidos que podem impedir os resultados da empresa.

E no âmbito jurídico o profissional de secretariado evidencia uma atuação importante no nível estratégico, tendo em vista sua qualificação e a capacidade de atuar em várias atividades, principalmente em relação às competências cognitivas que fazem uma diferença grande no relacionamento interpessoal da empresa em que trabalha.

As competências surgem como individuais, técnicas, sociais, práticas e cognitivas que de alguma forma devem ser relacionadas às atividades laborais. Portanto, pode-se indicar a necessidade do conhecimento sobre elas.

Figura 4 - Tipos de competências

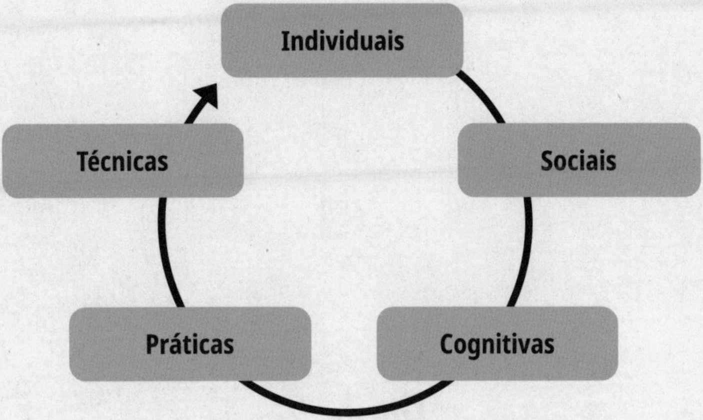

Fonte: autoria própria.

Pílula 3:

Não se limite ao que você sabe; expanda-se para o que você pode aprender. A interdisciplinaridade é uma jornada contínua de crescimento.

PARTE 3:
ATUAÇÃO DO SECRETARIADO NO ÂMBITO JURÍDICO

O diferencial do profissional secretário no setor jurídico ocorre a partir de sua performance nas funções administrativas, estratégicas e táticas. Contudo, sua atuação deve interferir de forma positiva nas transformações indicadas ou demandadas pela organização, vislumbrando sempre o êxito para o alcance dos objetivos organizacionais, a partir de uma concepção pautada no planejamento e no redirecionamento de ações que possam propiciar um ambiente de mudança. Além disso, deve compreender os traços da cultura existente e o impacto que pode ocasionar. Esse agente transformador é o profissional que atua como facilitador das ações que serão implementadas ou realizadas.

Uma eficiente forma de delinear esse papel profissional é por meio do processo de aperfeiçoamento do desempenho das atividades que exigem ações estratégicas, tecnológicas, internacionais, humanísticas, sociais, administrativas e específicas do ramo de negócio e de consultoria.

Lembre-se: a atuação do secretário perpassa diversas áreas do conhecimento, considerando as demandas das organizações e profissionais do mundo moderno.

Indicação de pesquisa dos termos jurídicos: https://www.amb.com.br/livro-que-traduz-o-juridiques-chega-a-2a-edicao-2/.

Por outro lado, cabe lembrar das famosas *soft skills*, que traduzem as competências relacionadas "à personalidade e ao comportamento profissional de cada indivíduo" (Banco Mundial, 2018 *apud* Silva *et al.*, 2020, p. 883). Dessa forma, discutir o referido assunto tem como objetivo principal promover a discussão dos elementos considerados diferenciais para o profissional de secretariado se destacar no âmbito jurídico.

Assim, serão discutidos os assuntos que permeiam aspectos transformadores e inovadores no desenvolvimento e na performance do secretário nesse ambiente composto por linguagens específicas, leis, normas, instruções, processos, prazos, petições, mandados, entre outros artefatos, tarefas, atividades e procedimentos.

A partir desta seção, espera-se que o leitor seja capaz de compreender o diferencial do secretário no âmbito jurídico, conceituar cada elemento diferenciador, descrever a partir de várias perspectivas o que promove o diferencial do secretário, conhecer a importância das *soft skills* e identificar como ser um profissional com diferencial no âmbito jurídico.

Lembre-se: sua atuação deve ter como base suas competências, e as que precisa adquirir, mas principalmente, considerar as necessidades e os objetivos da empresa em que trabalha ou vai trabalhar.

CAPÍTULO 4: O DIFERENCIAL DO SECRETÁRIO NO SETOR JURÍDICO

O campo de atuação secretarial é amplo e encontra-se situado em várias temáticas existentes na organização. Contudo, para cada ambiente laboral, esse profissional precisa escolher os elementos que poderão diferenciá-lo e com isso apresentar seu destaque como colaborador nas estratégias indicadas pela empresa, visando ao alcance dos seus resultados.

Portanto, é necessário compreender que cada unidade ou setor tem sua objetividade e subjetividade em ambientes estáveis e instáveis e, consequentemente, os respectivos elementos diferenciadores tendem aos desdobramentos que exigem **ações estratégicas** específicas para cada situação. Assim, é imprescindível reconhecer formas e modelos empregados por meio de linguagem, metas, visões e objetivos que traçam e consolidam o interesse final da organização pelo desempenho de seu colaborador em estratégias.

Seguindo essa ideia, compreende-se que nas atividades que demandam **ação estratégica** deve o profissional secretário considerar os indicadores de desempenho que delineiam a rota a ser empregada pela empresa e verificar de que forma ele poderá contribuir nessa empreitada, refletindo sobre quais iniciativas e ações podem ser previamente estabelecidas.

Cabe esclarecer que a base desse tipo de estratégia é desenvolvida por meio de processo, de tal forma que as tarefas sejam integradas, interdependentes e sistematizadas, obedecendo a uma estrutura horizontal, com o desenvolvimento do trabalho por processos e equipes que o realizam e o acompanhamento do responsável pelo respectivo processo. As tarefas nesse modelo são variadas e executadas conforme as competências e qualificações inerentes a cada colaborador.

Então, cada membro da organização tem um papel importante na estratégia a ser aplicada na organização. Um exemplo sobre a ação referenciada trata-se da **comunicação**, um elemento-chave para a organização, considerada por estudiosos da área como uma das atividades secretariais bem desenvolvidas pelo referido profissional.

Sendo assim, vamos discutir como ação estratégica a comunicação, utilizando a reflexão sobre o estudo de caso a seguir, que exemplifica o referido elemento diferenciador.

Estudo de caso: Estratégias para aperfeiçoar a comunicação

Uma organização precisa melhorar sua estratégia de comunicação. Então, delegou à equipe supervisionada pelo secretário-executivo a responsabilidade de aperfeiçoar a comunicação com o cliente externo. Nesse caso, observa-se a necessidade de objetivos específicos para o referido tema.

Assim, na respectiva equipe foram identificadas as competências de cada membro, com o que cada processo tinha ligação, ou seja, do que cada objetivo estratégico era constituído. Por exemplo: padronização do uso dos canais de comunicação, modernização dos meios de comunicação, atendimento humanizado do cliente, padronização do atendimento.

Nesse panorama, apresenta-se a seguir alguns questionamentos para discussão.

Como o secretário poderia desenvolver supervisão, visando atender a delegação estabelecida?

Quais estratégias, ou competências, podem ser identificadas além das citadas?

Ressalta-se a necessidade do conhecimento, pelo profissional, sobre modelos de gestão, tais como o *Balanced Scorecard*, utilizado como uma ferramenta que quantifica o desempenho para disseminar as ações e gerenciar a estratégia das organizações. Refere-se aos indicadores que foram citados anteriormente, os quais relacionam os resultados em torno de dimensões, que incluem também o cliente e a inovação para integrar as unidades da organização.

Esse sistema de gestão estratégica contribui significativamente com os processos que estabelecem as metas individuais e coletivas, o planejamento, o orçamento, entre outros. De certo modo, retrata o que está ocorrendo na organização com mensuração significativa tanto do ambiente como do desempenho, fornecendo uma trilha e uma "radiografia" dos objetivos organizacionais para seguir em busca da excelência de seus resultados.

Em direção a isso, Coelho Júnior (2003) afirma que na organização de aprendizagem, *Learning Organization*, é constante a ampliação e a qualificação dos servidores em relação às suas competências, visando buscar resultados e enaltecer os processos de tal modo a fluir modernos e altos padrões dos modos de raciocínio.

O diferencial profissional, que abrange o **domínio pessoal** comentado por Coelho Júnior (2003), promove a distinção do que realmente é relevante para cada indivíduo, direcionando-o a seguir conforme seus desejos internos. Assim, é possível adquirir competências de criação e busca para a solução de problemas e conflitos. Além disso, o autor cita os **modelos mentais**, que constroem nossas ações, condutas e percepções.

Por outro lado, Coelho Júnior (2003) indica como primordial o **objetivo comum**, tendo em vista que faz parte da vida que flui na organização, conforme sua missão, visão, valores, promovendo a pertinência para o desenvolvimento das atividades. Em relação ao **aprendizado em grupo**, destaca produção e raciocínio coletivos. No **raciocínio sistêmico**, indica a influência promovida pelas ações com interfaces.

Quanto ao elemento **gestão**, ressalta-se a afirmação de Dias (2002) sobre a quantidade de trabalhos acadêmicos e científicos que discutem esse termo, e a importância da reflexão sobre como isso ocorre. Nesse viés, Junquilho (2001) comenta que parte do princípio das estruturas institucionais de sistemas de controles que buscam assegurar a efetividade e eficiência exige a coordenação do indivíduo, da **supervisão humana.**

Nesse cenário, cabe lembrar das *soft skills*, aptidões mentais, sociais e emocionais, habilidades particulares que se aprimoram de acordo com a cultura, experiência e educação de cada pessoa (Banco Mundial, 2018 *apud* Silva, 2020, p. 883).

Em relação à **ação administrativa**, que decorre das teorias administrativas, as quais não são o foco desta discussão, todo o processo das respectivas funções constituídas por planejamento, organização, direção, controle está em cargo ou atividade de direção. Assim, é possível utilizá-las na atividade secretarial quando se estabelecem objetivos, e o que deve ser realizado para alcançá-los a depender do que é delineado. É possível ao secretário ter subsídios para tomar decisão no âmbito de suas tarefas, ou subsidiar o advogado, executivo ou escritório direto na tomada de decisão.

Chiavenato (2004) indica à organização para fazer planos com o estabelecimento prévio do que precisa ser realizado. No que se refere à atuação do profissional, é possível fazer uma analogia em relação ao desempenho de suas atividades, antecipando-se aos problemas que podem surgir. Diante disso, infere-se que no caso do secretário é preciso organizar recursos, entorno e meios da empresa para conseguir que suas atividades sejam executadas adequadamente. Esse elemento diferenciador contribui para evitar o prejuízo decorrente de esquecimento sobre alguma execução, procedimento ou ação.

Na perspectiva da empresa sobre a **direção**, citada por Chiavenato (2004), é preciso ser administrada e dirigida de tal forma a orientar os *stakeholders* da empresa a alcançarem os objetivos organizacionais. Logo, compreende-se que o secretário precisa executar suas tarefas com o direcionamento para esse pressuposto, atingindo os resultados esperados pela sua organização. Após definir o **planejamento** e a **organização** de suas tarefas, deve executá-las garantindo a efetividade de sua ação.

Já no que diz respeito à função administrativa, em relação às organizações, denominada **controle** por alguns autores como Chiavenato (2004), trata-se do momento de mensuração e avaliação. No caso do secretário, entende-se que é hora de refletir se suas atividades foram executadas conforme o planejado; e, se for o caso, fazer ajustes e aperfeiçoamentos, buscando um padrão de excelência para suas execuções. No caso da empresa, compreende-se que ela estabelece padrões de qualidade para alguns produtos. Da mesma forma, o profissional secretário pode estabelecer padrões para suas atividades.

Ante o diferencial do secretário, percebe-se que a preocupação com os elementos da formação profissional que o diferenciam no ambiente de trabalho ganhou uma nova roupagem com a perspectiva da **atuação específica** no campo promovido pelas disciplinas do curso superior relacionadas ao setor de negócio em que atua. Assim, o ambiente acadêmico vivenciado promove uma construção de competências que, direcionadas, produzem excelentes resultados.

De fato, esse ambiente acadêmico tem propiciado competências ao profissional, as quais atendem às demandas exigidas pelo mercado de trabalho, uma vez que são experimentadas e vivenciadas nos contextos sociais e profissionais.

Outro elemento diferenciador é a **consultoria**, pois exige um diagnóstico sobre problemas difíceis de visualizar, mas, principalmente, proposições de soluções. No tocante ao profissional que exerce a consultoria, tanto ele pode identificar problemas e propor soluções, como também pode receber a informação da organização sobre o tipo de problema ou solicitação e fazer análise, indicando soluções ou proposições. Por outro lado, cabe ressaltar que se trata de uma atuação complexa e que exige qualificação na respectiva área de atuação.

Além do que já foi discutido, é cabível destacar que as exigências das organizações são por profissionais com diversas formações, em função da demanda contínua por saberes. Nesse cenário, encontra-se a necessidade do compartilhamento de informações, experiências, conhecimentos, tecnologia e mercado, pois, atualmente, as empresas avaliam seus profissionais tanto pelo conhecimento como também pela ação tangível e intangível, exigindo deles constante transformação.

Uma vez que o profissional da modernidade tem um perfil diferenciado, precisa compreender que não existe mais divisão de atividades, tarefas, ações e execuções, e sim reflexões. Além de ser executor, é preciso ser crítico, pensante, pois as empresas demandam profissionais bem-informados, reflexivos e evolutivos no campo da tecnologia e do conhecimento. Portanto, o profissional secretário precisa ter habilidades consideradas complexas, que são exigidas nessa nova Era, tais como capacidade de execução, reflexão e ação efetiva.

Afinal, as informações são diversas, **as relações interpessoais** também, além de complexas, às quais é preciso se adaptar e dominar. Ademais, cabe ressaltar que as informações precisam de um tratamento antes de sua utilização, principalmente em função do volume, de seu caráter, de sua fonte veiculada, da complexidade, entre outros.

Diante desse panorama, encontra-se a **tecnologia,** um elemento diferenciador que exige do profissional técnicas elementares com capacidade de compreensão, entendimento do processo e do universo repleto de leis recentes, com mudanças contínuas e com um mercado exigindo produtos mais especializados. Assim, a busca pelo aprendizado nessa área é imprescindível, considerando que seu manejo é crescente nas empresas.

O conhecimento tecnológico faz parte da rotina de produtividade do profissional, seja ele secretário, administrador, advogado, entre outros. Por isso, é importante destacar que a Era da Informação ou Sociedade do Conhecimento exige uma reflexão do profissional sobre encontrar meios de dominar os recursos tecnológicos em favor do desenvolvimento das suas atividades. Assim, o secretário precisa extrapolar possibilidades, buscando direções mais congruentes com a tecnologia, de tal forma a criar condições favoráveis ao aprendizado e utilização desse elemento.

Ainda, deve-se compreender que esse aspecto diferenciador na perspectiva das competências exige também ações de cunho **internacional**, evidenciando a necessidade do domínio da tecnologia no processo, pois algumas empresas, seja de pequeno, médio ou grande porte, buscam a **internacionalização**, e para isso precisam da tecnologia, assegurando as vantagens da competitividade no mercado internacional. Por isso precisam de profissionais com esse perfil, além da compreensão dos mercados do segmento.

Nesse viés, ressalta-se a necessidade da relação com as pessoas, no caso de jurisdição estrangeira, uma vez que mercados externos exigem profissionais habilitados em idioma estrangeiro, sendo que o profissional de secretariado pode atuar considerando sua formação acadêmica e educação continuada.

E, por fim, discutem-se os aspectos diferenciadores, **humanísticos e sociais,** que podem parecer que se destinam apenas para o setor da saúde. Contudo, são elementos que fazem a diferença para qualquer profissional que desenvolve tarefas que exigem a prática e as relações interpessoais.

Nessa direção, propõe-se uma retrospectiva sobre a abordagem humanística, discutida por Elton Mayo e Herbert Simon. Ou seja, relembrar das teorias que focam nas pessoas. Destaca-se que compreender as pessoas assegura confiança recíproca que propicia um ambiente favorável com ações efetivas e positivas, conforme afirmação a seguir de Kanaane (1995, p. 59):

> A partir da percepção do meio social e dos outros, o indivíduo vai organizando estas informações, relacionando-as com afetos (positivos ou negativos) e desenvolvendo uma predisposição para agir (favorável ou desfavoravelmente) em relação às pessoas e aos objetos presentes no meio social.

Logo, compreende-se que independentemente de onde o profissional atue ou do tipo de atividade que execute, é necessário desenvolver competências que vislumbrem interações, participações e o conhecimento de si mesmo.

Nota-se que as demais competências sem o enlace das humanas e do comportamento, agindo de forma isolada, não são suficientes para o alcance dos resultados. É preciso que o indivíduo tenha a visão da coletividade a partir dos valores adquiridos nos grupos sociais, nas organizações, dentre outros.

Seguramente, a consolidação dos elementos diferenciadores discutidos até aqui pode explicitar melhor o entendimento sobre como podem refletir a importância e o destaque dado ao profissional que os utilizam. A partir disso, apresenta-se no Quadro 12 uma síntese acerca dos aspectos que diferenciam o profissional secretário no âmbito jurídico e em outras áreas de negócios.

Quadro 12 - Elementos que diferenciam o secretário no âmbito jurídico

Elementos	Âmbito Geral	Âmbito Jurídico
Ações estratégicas	Contribuem para o resultado organizacional.	Contribuem para o alcance do objetivo-fim do escritório ou da banca.
Gestão	Conduz as ações em prol do plano estratégico e decisório da organização.	Gerenciam as ações em direção às demandas do escritório ou da banca.
Funções administrativas	Orientam ações para o atendimento de demandas e processos e contribuem com o cumprimento das exigências e o resultado final esperado pela empresa.	Acompanham, organizam e direcionam as ações para demandas e processos exigidos pelas atividades, obtendo o resultado esperado pelo escritório ou pela banca.
Específicas do ramo de negócio	Focam na atividade-fim da empresa.	Conhecimentos específicos do secretário que contribuem diretamente no foco do assunto inerente à atividade-fim do escritório.
Consultoria	Indica proposições, visando à solução de problemas.	Faz proposições e orienta estrategicamente o advogado ou executivo na solução de problema.
Tecnológicos	Permitem a evolução dos processos e competitividade de mercado.	Ferramentas de gestão e programas que podem ser manuseados pelo profissional, a fim de desenvolver as atividades e ações no escritório ou na banca.
Internacionais	Contribuem para o alcance dos objetivos de expansão da empresa.	Auxiliam o escritório ou a banca na comunicação com jurisdição estrangeira.
Humanísticas e sociais	Transformam ideias em ação.	Atitudes que agregam a outras competências e transformam as ações estratégicas.

Fonte: autoria própria.

Acredita-se que as empresas demandam profissionais inovadores, pois a ideia do trabalho como meio de sobrevivência é subjacente; o que é dominante é o valor na própria atividade. Assim, buscando atitudes para coordenar os esforços e interesses da organização, o secretário pode ser o **elemento diferenciador**

e dominante. Cada profissional tem uma visão, perspectiva e percepção, e quem consegue aproveitar esses elementos pode construir uma imagem profissional diferenciada, de tal modo a ser considerado imprescindível.

Afinal, o trabalho vai sendo alterado, mas também as ideias e a forma de pensar, considerando que cada indivíduo tem ideias que podem transformar processos e situações, ou seja, as fontes oriundas da inovação são diferentes.

Em épocas anteriores, a ênfase era nos aspectos técnicos, e os administradores clássicos não evidenciavam os aspectos humanos da empresa. Contudo, na atual realidade das empresas, a atenção é principalmente no capital intelectual – as pessoas.

Uma vez que os modelos desenvolvidos consideram que as atividades são compostas por pessoas e recursos com uma interface entre eles, acrescenta-se a **comunicação** como elemento estratégico da organização, a qual será discutida com maior detalhamento no Capítulo 5.

CAPÍTULO 5: ELEMENTOS DIFERENCIADORES DO SECRETÁRIO NO ÂMBITO JURÍDICO

A **comunicação** é parte ativa da atuação dos profissionais, tornando-se um canal entre os demais indivíduos, grupos e organização. Considerando a importância desse elemento nas organizações, principalmente nos resultados, é um assunto que merece atenção. Cabe frisar que os métodos anteriores, tais como os mecanicistas de gestão, foram descartados, tendo em vista que demonstraram resultados negativos no alcance dos objetivos organizacionais. Nesse sentido, observa-se que a **comunicação** é parte fundamental para o alcance de objetivos e metas, contudo, é preciso ter profissionais preparados para dar prosseguimento.

Assim, é basilar entender que o êxito de uma organização depende de um grupo de pessoas, pois a influência é conjunta, necessitando de indivíduos motivados a se comunicar para atingir os objetivos propostos. Por outro lado, as atividades, apesar de desenvolvidas por cada profissional, somam-se às ações conjuntas que necessitam de uma **comunicação interpessoal** que seja clara e promova o aperfeiçoamento das relações na busca dos objetivos e das metas das organizações. Essa comunicação deve ser afinada com as tecnologias, porém, com a participação efetiva do capital intelectual da empresa.

Diante desse cenário, o papel secretarial se diferencia principalmente por perpassar todas as unidades e facilitar as dinâmicas de trabalho, colaborando na qualidade do fluxo das informações com comunicação pertinente e adequada, de tal forma a potencializar a capacidade de resultados organizacionais.

A conduta e a postura verbal e não verbal influenciam sensivelmente as relações das organizações, que, por sua vez, incentivam o cumprimento da missão, da visão e dos objetivos da empresa. Assim, constata-se que as **comunicações interpessoais** determinam a capacidade do desenvolvimento do trabalho pelo secretário, ou seja, produzem uma satisfação deste com seu trabalho, contribuindo para ultrapassar todas as dificuldades existentes. Por outro lado, facilitam a aceitação do profissional em relação às normas e orientações delegadas.

Portanto, a comunicação propicia o comprometimento dos seus profissionais e tem diversas abordagens, as quais se apresentam a seguir.

- Comunicação interpessoal e interorganizacional
- Comunicação assertiva
- Comunicação verbal
- Comunicação não verbal
- Comunicação digital

No Quadro 13, são apresentados os tipos de comunicação compreendidos como elementos imprescindíveis para a atuação efetiva do profissional, tendo em vista que se trata de elementos diferenciais para a relação e compreensão dos procedimentos e das ações a serem empregados para o bom desenvolvimento da organização no que diz respeito à satisfação do cliente interno e externo.

Quadro 13 - Diretrizes, facilitadores e métodos de comunicação organizacional eficaz

Modalidade	Concepção comum	Concepção analítica	Aplicação na prática
Assertiva	Respeitar as opiniões, buscando fluidez na comunicação com as pessoas e unidades, para o bom desempenho das atividades.	Técnicas e estratégias para promover uma comunicação eficaz na tomada de decisões colaborativas e coletivas.	Promover reuniões e workshops regulares para ouvir e integrar feedbacks de diferentes equipes. Utilizar técnicas de mediação para resolver conflitos e facilitar a colaboração.
Verbal	Linguagem e expressões com a ação de comunicação entre as pessoas e unidades organizacionais.	Métodos de comunicação com base em linguagens e expressões detalhadas, com foco na precisão, clareza e transparência das informações compartilhadas.	Desenvolver e treinar a equipe em competências de comunicação verbal eficaz, como escuta ativa e feedback construtivo. Desenvolver diretrizes para apresentações e reuniões, visando garantir clareza.
Não verbal	Comunicação por meio da escrita. Comunicação sem som que transmite emoções e intenções.	Comunicação por meio de gestos, sinais e simbolismos não sonoros que são analisados para compreender intenções e emoções subjacentes.	Observar e interpretar sinais não verbais em interações, como expressões faciais e postura. Utilizar comunicações escritas, como e-mails e relatórios, para transmitir intenções de forma clara e objetiva.
Digital	Comunicação moderna e contemporânea, a partir das ferramentas tecnológicas. Aplicativos, plataformas, programas e mídias, facilitando a conexão e a integração de pessoas, grupos e unidades organizacionais.	Comunicação que utiliza estratégias, ferramentas e plataformas digitais para analisar e otimizar a conexão e interação entre indivíduos e grupos.	Utilizar ferramentas de comunicação digital, como plataformas de videoconferência e apps de mensagens instantâneas, para manter a equipe conectada. Analisar dados de interação para melhorar a eficácia da comunicação e a colaboração.

Fonte: autoria própria.

Pílula 4:
A verdadeira inovação surge na intersecção de disciplinas. Explore, conecte e reinvente.

CAPÍTULO 6: PAPEL DO SECRETÁRIO NO ÂMBITO JURÍDICO

O papel do secretário no âmbito jurídico é recente, tendo em vista ser uma área de atuação que ainda tem poucas discussões científicas e mercadológicas.

Contudo, já existem alguns trabalhos acadêmicos que tratam sobre o tema, os quais estão contribuindo para a evolução e ampliação do mercado de atuação da profissão. Assim, com a formação e a participação do secretário em outras organizações, bem como no próprio âmbito jurídico, é possível inferir que seu papel é imprescindível nas atividades desenvolvidas nesse ramo de negócio.

As competências desse profissional, que são discutidas durante o curso de nível superior e registradas neste livro, podem responder a esse panorama, pois os seus conhecimentos, as suas habilidades e as atitudes profissionais permitem a ele trabalhar em grupo ou individualmente, supervisionar pessoas, coordenar tarefas habituais, participar das tomadas de decisões, buscar qualidade nas atividades desenvolvidas, produzir e revisar textos, documentos, dentre outros aspectos.

As principais características de um bom secretário que atua na área jurídica são pontuadas e compostas de todas as competências e elementos descritos neste livro. Do ponto de vista acadêmico, foi demonstrado que as disciplinas cursadas durante o curso superior podem promover conhecimentos básicos, os quais poderão propiciar o interesse de aprofundamento pelo profissional conforme o ramo de negócio. No caso do âmbito jurídico, pode-se citar: direito administrativo, constitucional, legislação trabalhista, entre outros.

Outra disciplina que pode ser utilizada nesse campo é o idioma estrangeiro, pois alguns escritórios demandam profissionais com qualificação e que possam trabalhar na área internacional, desde a internacionalização, bem como em causas que exijam o domínio de comunicação em outro idioma. Um exemplo é a língua portuguesa, que promove a capacidade de interpretação de texto e redação, considerada fundamental para as atividades desenvolvidas nas áreas jurídicas. São disciplinas que fazem uma grande diferença ao profissional demandado pelo advogado com tarefas de revisão, produção e minuta de textos, redação de documentos, entre outros.

Além das já elencadas, acrescentam-se ainda as disciplinas que envolvem as funções gerenciais, a pesquisa científica, que promove um discernimento de levantamento de dados e informações, com base em estatísticas e fatos, e instrumentos metodológicos que possam municiar o profissional na pesquisa de assuntos inerentes a determinados casos, visando subsidiar o advogado com suas causas, sejam trabalhistas ou de outras áreas.

No ramo jurídico, com base nas pesquisas aplicadas, é perceptível a necessidade de pessoas que tenham o domínio em controle financeiro e pagamentos. Desse modo, as disciplinas de matemática financeira e contabilidade podem ajudar em serviços básicos que são demandados e não precisam especificamente de um especialista ou técnico da área. Além disso, o raciocínio lógico, crítico e analítico contribui para todas as operações dessa natureza.

A importância e a relevância da tecnologia é indiscutível. Assim, para o **secretário ser agente de inovação em seu campo de atuação**, é preciso que ele reconheça as mudanças constantes de tecnologias, com a exigência de trabalhos mais especializados pelas empresas de pequeno, médio e grande porte e demanda por modelos inovadores de gestão. Tudo isso exige a busca incessante e o empenho na aprendizagem em tecnologia, pois os processos e as ações das empresas são dependentes disso.

No contexto atual da globalização e sistematização dos processos, um profissional que não desenvolve competências tecnológicas não é diferencial para as empresas, embora possa estar temporariamente empregado e desenvolvendo sua atividade no setor em que atua. Essa vulnerabilidade de conhecimento sobre tecnologia pode ser analisada conforme seu uso na organização e em um determinado momento pode fazer uma grande falta ao profissional.

As contribuições que o secretário propicia aos gestores advogados fazem parte das competências já discutidas desde o início do livro, tais como: propor soluções para problemas cotidianos; minutar textos profissionais especializados; interagir com os clientes internos e externos, tanto no idioma pátrio como no estrangeiro; realizar integração e comunicação; ter discrição nos assuntos sigilosos; e gerenciar as informações institucionais. Complementando essa ideia, Portela e Schumacher (2006) afirmam que esse profissional tem uma visão diferenciada e utiliza a tecnologia como ferramenta principal no desenvolvimento das atividades.

Assim, foi apresentado o **diferencial do secretário para atuação no setor jurídico** (funções e atividades), os elementos que o diferenciam nesse universo, bem como seu papel neste campo de trabalho.

A seguir, propõem-se algumas atividades didáticas básicas com o intuito de entender o assunto, visando constituir o ensino e a aprendizagem do profissional que pretende exercitar os conhecimentos vivenciados, bem como para os docentes que aplicam o referido assunto em suas aulas de graduação e pós-graduação.

EXERCÍCIOS

1. CAÇA-PALAVRAS - O SECRETÁRIO E AS COMPETÊNCIAS

Considerando os assuntos discutidos neste livro, visando resgatar as dimensões das competências e o histórico do secretariado, você deve localizar as terminologias a seguir, que estão dispersas na grade, tanto na horizontal como vertical ou diagonal. As palavras podem ser lidas da esquerda para a direita, da direita para a esquerda, de baixo para cima ou de cima para baixo.

CONHECIMENTO	TRINÔMIO	ATIVIDADE	VALORES
HABILIDADE	CÓDIGO DE ÉTICA	POLINÔMIO	PROFISSÃO
ATITUDE	LEIS	FENASSEC	ESCRIBA
ENTORNO	NORMAS	ABPSEC	

C	P	R	O	F	I	S	S	A	O
O	A	A	T	I	A	A	B	C	A
N	B	A	R	A	T	E	V	O	B
H	A	B	I	L	I	D	A	D	E
E	T	P	N	E	V	E	L	I	N
C	I	S	O	I	I	H	O	G	T
I	T	E	M	S	D	F	R	O	O
M	U	C	I	A	A	V	E	D	R
E	D	O	O	O	D	I	S	E	N
N	E	G	A	M	E	N	O	E	O
T	A	F	F	F	F	E	A	T	O
O	E	S	C	R	I	B	A	I	G
S	F	E	N	A	S	S	E	C	I
A	C	D	E	N	O	R	M	A	S
P	O	L	I	N	O	M	I	O	A

2. REFLEXÃO SOBRE AS COMPETÊNCIAS PROFISSIONAIS

Escreva duas competências referentes a cada dimensão dos polinômios citados neste livro e quais você considera ter ou reconhece como aplicadas pelo profissional da área de secretariado, descrevendo suas definições ou seus significados com base em sua percepção.

____

____

____

____

____

____

____

____

3. COMPARANDO AS COMPETÊNCIAS DISCUTIDAS COM AS PRATICADAS PELO PROFISSIONAL DE SECRETARIADO

Indique no quadro a seguir as competências que foram citadas neste livro e faça um paralelo com as que você considera já possuir ou precisar adquirir (exemplo na primeira linha).

Competências citadas	Minhas competências	Competências que preciso adquirir
Técnicas	Idioma – inglês	Idioma – francês

4. Contextualize na prática como o profissional de secretariado poderá contribuir com as atividades no âmbito jurídico.

5. Considerando os assuntos discutidos neste livro, indique com quais atividades o profissional de secretariado poderá contribuir para um escritório de advocacia, justificando.

6. Exercite o entendimento sobre as competências a seguir ao conceituá-las conforme sua percepção.

Analíticas:

Cognitivas:

Sociais:

____
____
____

Técnicas:

____
____
____

Individuais:

____
____
____

Organizacionais:

____
____
____

Pílula 5:
No mundo interconectado de hoje, o valor está na capacidade de transitar entre diferentes áreas e integrar conhecimentos diversos.

PARTE 4: COMPETÊNCIAS NO UNIVERSO ACADÊMICO

O desenvolvimento das competências do graduando na esfera acadêmica é norteado por diversas disciplinas que direcionam ao âmago da profissão, apresentando o conhecimento explícito com ações para o viés prático. Assim, uma disciplina responsável pelo desempenho das competências individuais e coletivas na prática é o Projeto Integrador composto de disciplinaridade, interdisciplinaridade e multidisciplinaridade, que promovem a inovação visando possibilitar ao estudante analisar e refletir sobre as tomadas das decisões em todos os níveis organizacionais, bem como dialogar com a sociedade e a comunidade interna.

Dessa forma, utilizando a experiência de 18 anos vivenciada por esta autora na docência do ensino superior, orientando e desenvolvendo o Projeto Integrador, apresentam-se brevemente a construção e as experiências com os graduandos dos cursos de Administração, Ciências Contábeis, Pedagogia, Secretariado Executivo, Sistemas de Informação e Gestão Pública. Foram compartilhamentos de conhecimentos que geraram uma gama de registros, ações, produtos e resultados que transformaram os estudantes para enfrentarem o mercado de trabalho.

Contudo, antes de discorrer sobre as ações realizadas, cabe compreender o universo e a área do conhecimento de cada curso que participou do Projeto Integrador, de tal modo que se possa discutir a importância deles nesse processo de ensino e aprendizado prático com produtos e materiais de relevância, tais como livros didáticos, oficinas, pôsteres, artigos, banners de pesquisas, atividades na feira das profissões, jornais, caça-palavras, teatros culturais com fundamentação acadêmica, revistas, palestras, workshops, painéis, rodas de conversa, gincanas, estudos de caso, soluções criativas de problemas, dentre outros.

Em relação ao curso de Administração, compreende a necessidade de formação ampla com direcionamento em gerenciar e propor soluções inovadoras e competitivas com amplo domínio das estratégias empresariais, atuando e interagindo nas diversas dimensões, atividades e contextos sociais e atualizando-se continuamente para ter condições de participar do processo de decisão com capacidade de adaptação. O rol de conteúdos e competências deve se harmonizar com as dimensões "humanas, analíticas e quantitativas" (Brasil, 2021).

Por sua vez, o curso de Ciências Contábeis exige formação com visão generalista, humanista, crítica e reflexiva para capacitar o egresso a auditar, prestar consultoria, utilizar métodos inovadores, observando a relevância das diversidades e promover a governança nas organizações. Além disso, deve compreender "as questões científicas, técnicas, sociais, ambientais e políticas, no contexto da contabilidade, com a aplicação da tecnologia da informação e comunicação" (Brasil, 2024).

O curso de tecnólogo em Gestão Pública, por sua vez, deve ressaltar a atuação do profissional na administração de órgãos e serviços públicos com capacidade de planejar, implantar, fiscalizar, controlar e supervisionar projetos voltados para o desenvolvimento local ou regional, atuando e atualizando-se continuamente para o sucesso pessoal, profissional e social. Além disso, treinar e desenvolver suas habilidades tecnológicas, macros e específicas, visando gerenciar processos e a produção de bens e serviços (Brasil, 2002).

Já o curso de Secretariado Executivo indica a ampla visão organizacional, inovação, criatividade e pensamento reflexivo e crítico. Nessa perspectiva, observa-se que é preciso ter capacidade e "aptidão para compreender as questões que envolvam sólidos domínios científicos, acadêmicos, tecnológicos e estratégicos, específicos de seu campo de atuação, assegurando eficaz desempenho de múltiplas funções de acordo com as especificidades de cada organização" (Brasil, 2005).

O curso de Pedagogia contempla aspectos sociais, integrativos e éticos e o compartilhamento de aprendizado. Enfatiza-se uma atuação pautada na ética e no comprometimento com a dimensão referente a sociedade, desenvolvimento do trabalho em equipe, conexão com a área educacional e as demais áreas dos conhecimentos, bem como "das relações entre educação e trabalho, diversidade cultural, cidadania, sustentabilidade, entre outras problemáticas centrais da sociedade contemporânea" (Brasil, 2006).

E, por fim, o curso de Sistemas de Informação tem um papel imprescindível nesse ambiente de compartilhar e gerar conhecimentos inovadores, pois promove as discussões em torno disso. Por sua vez, é necessária "visão global e interdisciplinar de sistemas [...] capazes de agir de forma reflexiva na construção de sistemas de computação, compreendendo o seu impacto direto ou indireto sobre as pessoas e a sociedade". O profissional dessa área deve ter a capacidade de apresentar soluções em relação aos problemas complexos existentes, tanto com domínio teórico como na prática, bem como aliar inovação e criatividade no contexto das oportunidades relevantes para os negócios, respeitando e seguindo aspectos éticos, a legislação pertinente e as questões econômicas. Por outro lado, deve avaliar os impactos que seus projetos podem causar na sociedade (Brasil, 2016).

Pílula 6:
Cada disciplina oferece uma nova lente através da qual enxergar o mundo. O profissional multidisciplinar tem a vantagem de múltiplas perspectivas.

CAPÍTULO 7: PROFISSÕES E FORMAÇÃO NO CONTEXTO DO PROJETO INTEGRADOR

Neste capítulo, apresenta-se o desenvolvimento do Projeto Integrador, que foi orientado pela autora deste livro, desde 2005, em instituições privadas, e faz parte de um contexto programático dos cursos de graduação, com direcionamento para um viés de produção, inovação e solução de problemas, além de buscar a integração com outras áreas do conhecimento por meio de disciplinas ministradas em diversos cursos. A ideia é promover ao estudante uma experiência com o trabalho prático e a produção de relevância, a partir de participação e relação com a comunidade local e acadêmica, resultando em experiência e interação dos futuros profissionais.

Assim, para discutir a formação sob a perspectiva da atuação das profissões, é necessário apresentar ideias que se transformaram em projetos e consequentemente em resultados. Nessa perspectiva, insere-se primeiramente o entendimento sobre projeto, o qual é definido pelo Guia PMBOK (2004, p. 5) como um empenho provisório com vistas a construir um produto, serviço ou resultado exclusivo, enfatizando que tem início, meio e fim. Explica-se que os objetivos precisam ser alcançados para a conclusão do projeto. Menezes (2003) corrobora essa ideia e também destaca a facilidade, o acompanhamento e a distribuição das atividades quando se têm as definições de fases como as indicadas no Guia PMBOK (2004).

Diante disso, destaca-se que na prática realmente as etapas precisam ser definidas a partir da concepção, passando por início, planejamento, coordenação, desenvolvimento, avaliação e conclusão. A depender dos projetos, poderão existir desafios que precisem ser ultrapassados, e esse elemento é o que realmente vai movimentar os acadêmicos a buscar mecanismos para propiciar sua implementação.

Quadro 14 - Etapas do projeto

Etapas	Objetivo	Ações	Produtos a desenvolver
Início/Concepção	Apresentar os recursos para as atividades a serem executadas.	Termo de abertura.	Justificativa, metas, restrições, custos e prazos.
Planejamento	Apresentar critérios a serem cumpridos.	Explicar aos envolvidos sobre o projeto.	Pesquisar os assuntos.
Coordenação	Estudar os riscos.	Orientar a forma adequada das melhores estratégias.	Manual do Projeto Integrador.
Desenvolvimento	Identificar as partes interessadas.	Dados coletados para o termo de abertura.	Produto final.
Avaliação	Analisar as etapas.	Rever rota.	
Conclusão			Entrega final.

Fonte: Adaptado de Thielmann e Silva, 2013.

Compartilhar resultados, procedimentos, etapas e experiências sobre o Projeto Integrador é enriquecer o aprendizado para os leitores deste livro, bem como para o público-alvo, profissionais que estão se formando para ingressar no mercado de trabalho, pois as experiências oriundas dos métodos que foram utilizados no desenvolvimento do projeto promovem não só o aperfeiçoamento das competências existentes dos acadêmicos, como também faz com que possam adquirir novas capacidades para o desenvolvimento de atividades que exigem conhecimento agregado.

Assim, quando se apresentam os formatos dos projetos, observa-se que cada atividade, para sua execução, produz tanto o conhecimento tácito como a possibilidade de transformá-lo em explícito; sucessivamente, perpassam o quadrante da espiral do conhecimento (socialização, exteriorização, internalização, combinação), indicada e detalhada por Nonaka e Takeuchi (1997).

Por exemplo, o desenvolvimento de um **livro didático** propicia reflexões e construções que precisam de fundamentações, que impulsionam a pesquisa em várias dimensões, desde o próprio design visual do respectivo livro. Já a produção de **jornal acadêmico** precisa de organização e idealização das matérias em espaços que abordem as disciplinas do curso de graduação de forma que haja interesse tanto teórico como prático em relação ao social, econômico, cultural, dentre outros, pela sociedade e comunidade universitária, sem perder o foco em temas que valorizem a formação acadêmica, profissional e cidadã.

Por sua vez, produzir **palestra** com o uso de duas linguagens, Libras e português, como foi desenvolvida em uma das edições do Projeto Integrador, desafia os estudantes a aplicar o que foi estudado de forma profissional e técnica, ao mesmo tempo indicando as competências desenvolvidas e aperfeiçoadas. Além disso, contribui para o aprendizado em preparar material digital, tecnológico e técnico.

Já as **exposições** de produtos, ideias e criações nas edições da Feira das Profissões com viés para aspectos do curso motivam os estudantes a encontrar talentos, competências e valores, incentivando-os a ingressarem no mercado de trabalho.

Em relação à produção de **revistas** que tenham textos, reportagens com vários assuntos e indicações de temas e eixos principais, tais como responsabilidade social, cidadania, direitos humanos, diversidades, dentre outros, descortina uma imensidão de reflexões e vivências na prática que até então só eram conhecidas nas discussões das disciplinas. Por outro lado, construir **palavras-cruzadas**, tanto em revistas como em jornais, propicia o raciocínio lógico que é ensinado em sala de aula, mas com uma ação e produção de palavras, produtos e significados que permeiam a comunicação e expressão.

No desenvolvimento da **gincana social** com equipes definidas por cores e denominadas por temas, como cidadania, direitos humanos, diversidade e ética, a partir dos eixos temáticos no respectivo projeto e nas disciplinas que abordam os respectivos assuntos, em que cada equipe tem um professor responsável, o objetivo foi praticar a solidariedade no universo do conhecimento e concretizar os princípios sociais almejados pela instituição de contribuir com a comunidade da região e acadêmica.

Todos esses projetos desenvolvidos promovem uma gama de conhecimentos que geram inovações, daí a importância dada a essa disciplina nesta obra. Foram várias edições realizadas com uma pluralidade de ações que resultaram em experiências reais que transformaram cada um dos seus participantes. A evolução e a ampliação de compreensão, reflexão e atitudes dos envolvidos gerou descobertas e novos significados nas vidas e decisões profissionais que valorizam os esforços empregados na busca pela decisão adequada.

Diante do exposto, é importante destacar que, independentemente da área de formação, a prática do conhecimento no contexto real é essencial para o indivíduo vivenciar habilidades, atitudes, valores e entorno, e ao mesmo tempo se posicionar diante das situações de média e alta complexidade.

Cada edição do projeto promove momentos de aprendizado, integração e negociação, além de colocar o acadêmico diante de situações inesperadas, que exigem atitudes e estratégias para solução de problemas, principalmente pelo aspecto da transversalidade com que cada equipe muitas vezes se depara, pois se constitui de pessoas de cursos diferentes com visões plurais. Naquele momento, o equilíbrio e a harmonia precisam ser preponderantes, caso contrário, fica difícil cumprir a missão dos respectivos critérios dos projetos.

Assim, confirma-se a riqueza de tal experiência, que não é tão simples de orientar e ser cumprida, mas proporciona resultados excelentes. A edição do **artigo** em que seria preciso utilizar um assunto de cada disciplina do semestre para desenvolver uma discussão teórica, muitas vezes com apoio de pesquisa de campo, foi um grande desafio, pois tinha disciplina de exatas e humanas que a princípio pareciam distantes entre si, porém as equipes compreenderam que poderiam discutir os assuntos fazendo vínculos entre elas nas seções do trabalho. Uma dessas experiências foi a indicação do filme que tinha um momento sobre Hipátia de Alexandria, filósofa e matemática. Nesse panorama, surgiram diversos debates que conseguiram fazer uma mescla entre outros assuntos da área social e humana.

A matriz curricular de cada curso tem disciplinas comuns, porém as edições dependem das disciplinas anteriores e presentes no projeto em desenvolvimento. E as equipes, a depender do produto solicitado, precisam discutir e entrar em consenso para avaliar a melhor forma de abordagem do assunto.

Diante do exposto, cabe descrever produtos, atividades ou eventos que foram projetados em algumas edições, pois o graduando, ao planejar e produzir uma atividade, como uma palestra, tem tarefas que são indiretas, mas estão envolvidas na respectiva atividade, como a produção ou preenchimento de um *flyer* de divulgação. É uma experiência que perpassa a construção inicial até a conclusão.

Nas edições sobre responsabilidade social, observaram-se a riqueza, a compreensão e a proximidade com o universo social e seus desafios, problemas e dimensões vivenciados e analisados. Ainda, convidar associações, ONGs e outras entidades que lidam com esse assunto para participar do evento, e ao mesmo tempo observar a rotina delas, foi algo extraordinário. Além disso, acompanhar o dia a dia das pessoas com situações vulneráveis é compreender questões que não chegam aos bancos acadêmicos somente pelas disciplinas de ética, filosofia, sociologia ou responsabilidade social, e sim pela promoção da vida real com riqueza de aprendizado, obtendo grande experiência na resiliência e empatia, atitudes que devem estar presentes em todo profissional.

Em um dos projetos em que o eixo era direcionado para essa dimensão, um grupo apresentou uma campanha de vestibular, intitulada "Abraço solidário", no espaço coletivo da rodoviária da cidade onde a instituição de ensino em que estudavam está localizada e pessoas de várias gerações, situações econômicas e financeiras diferentes transitam. Trata-se de uma experiência difícil de explanar, pois a emoção e o aprendizado se encontraram. Afinal, a troca de ideias e sentimentos com as pessoas presentes nesse espaço permite perceber que o contexto em que elas se encontram não traduz sua capacidade de ação, mas pode interferir nos seus objetivos, sonhos e modo de viver.

Os trabalhos, as produções e os produtos que foram e são desenvolvidos pelos acadêmicos inscritos no Projeto Integrador, tais como palestras, minicursos, oficinas, livretos, palavras cruzadas, jornal acadêmico, teatro, livro didático, revistas, pôsteres, ideia sustentável, projeto social, teatro acadêmico, exposição de cursos, artigos, exposição de temas, feira das profissões, dentre outros, são apresentados a cada semestre e idealizados pela coordenação de cursos e pela disciplina Projeto Integrador, promovido pela IES, como exemplo, **Feira das Profissões e Semana Acadêmica-Científico Cultural**. Eles promovem experiências enriquecedoras para os estudantes.

A **Feira das Profissões** é uma iniciativa idealizada no Projeto Integrador, com a atuação dos acadêmicos dos cursos de graduação da IES e contou com o desenvolvimento de trabalho pelos cursos de Sistemas da Informação, Pedagogia, Ciências Contábeis, Administração e Gestão Pública, com o objetivo de disseminar o conhecimento à comunidade externa, principalmente aos estudantes para prospectar sobre seu futuro profissional. Promoveu-se acesso às informações que contribuíssem com a decisão sobre a área profissional e também consolidassem a importância da organização na qual já atuam. Nesse modelo de evento, contou-se com a participação de empresários e gestores públicos com áreas de atuação diversas, como gestão de pessoas, gestão de talentos e empreendedores, tecnologia, setor público, projetos, bem como acadêmicos, docentes, discentes, quadro administrativo e demais membros da comunidade.

Os temas globais são diferentes a cada evento. Em um deles, foi utilizado o título "O que o mercado exige do profissional", com viés no tema central do projeto. Ocorreu exposição dos cursos de graduação pelos acadêmicos e também de empresas promotoras participantes. As exposições realizadas pelos acadêmicos foram avaliadas por uma banca de três docentes, sendo um externo e dois internos. Foram ministrados minicursos, treinamentos de capacitação, palestras e oficinas pelos próprios acadêmicos, que também foram avaliados pela docente da disciplina promotora do evento. Ainda houve treinamentos com temas das respectivas áreas dos cursos, por exemplo: acadêmicos de Ciências Contábeis ministraram o curso "Como entender seu imposto de renda". Contou-se ainda com **palestras, oficinas, workshops, exposições, sarau, projeção de filmes, rodas de conversas, atividades culturais, músicas, danças, karaokês, entre outros.**

Em suma, os eventos causam impacto positivo pela interlocução e pelo compartilhamento de conhecimentos e ideias. Trata-se de um programa que produz trabalhos que viabilizam reflexões e projetos referentes a diversidade, relações étnico-raciais, direitos humanos, políticas ambientais e acessibilidade, considerados temas relevantes para a formação acadêmica e profissional com subsídios de outras áreas do conhecimento. Além disso, possibilita análise e discussão sobre a importância da pesquisa, ciência e atuação prática para o enriquecimento não só da formação acadêmico-profissional, como também da formação cidadã.

Explora, ainda, a capacidade de criação e produção do estudante, bem como sua comunicação por escrito e oral. Estimula o aprendizado por meio de intervenções para desenvolver o perfil do profissional egresso, considerando a abordagem referente aos assuntos inerentes ao curso e às disciplinas ministradas, além de promover **a evolução intelectual e profissional**, ampliando a interdisciplinaridade entre os cursos e valorizando cada área do conhecimento.

Com o Projeto Integrador, é possível perpassar várias dimensões das competências, de tal modo que o acadêmico vivencie no ambiente real e simulado as teorias aprendidas. Diante dessa perspectiva, conhecimento, habilidade, atitude, entorno e valores estão presentes em diversos momentos.

No evento Semana acadêmica-científica e cultural, que tem como objetivo motivar os acadêmicos a produzirem e desenvolverem ideias inovadoras a partir do que foi produzido no semestre nas disciplinas das matrizes curriculares, com a apresentação e aplicação dos trabalhos do Projeto Integrador, desenvolvendo assim a teoria na prática, foram abordados já alguns temas, tais como "empreendedorismo com integração", "a transformação social e profissional", "o perfil do profissional no mundo de hoje", "inovação das competências da revolução 4.0". Aproveitou-se a oportunidade para apresentar aos calouros as conquistas dos egressos, por exemplo: aprovação na prova de contabilidade para obter o registro profissional CFC, do Conselho Federal de Contabilidade;

seleção em concurso público, expondo por meio de **rodas de conversa** a trilha de sucesso percorrida; e como a Faculdade contribuiu para essa ascensão na carreira profissional.

O Projeto Integrador faz parte do evento como principal instrumento de prática. Um dos trabalhos é a apresentação das produções de pesquisa pelos acadêmicos a uma banca avaliadora de docentes e convidados externos que avaliam originalidade, criatividade, cumprimento das orientações, qualidade textual, cumprimento do prazo estabelecido, segurança na apresentação e nos argumentos, dentre outros, a depender de cada trabalho.

Além dos supracitados, um dos produtos apresentados pelos estudantes são **livretos** baseados nas disciplinas estudadas no semestre, com o critério de serem transformados em palestras, utilizando recortes em Libras e português, com os seguintes temas: o teletrabalho em tempos de pandemia; gestão corporativa; o *plus* para o desenvolvimento empresarial; pandemia: a inclusão não revelada; soluções de acessibilidade; governança corporativa e a gestão de riscos; o papel do intérprete/tradutor no órgão público; o contexto histórico da Libras; *signwriting* (escrita de sinais); soluções de acessibilidade; a importância de Libras para a formação acadêmica; gestão corporativa: o primeiro passo para o desenvolvimento empresarial; o uso de sinais de Libras em diferentes contextos; e a importância da Libras para a inclusão educacional.

Esses livretos foram o resultado das palestras apresentadas pelos estudantes de língua portuguesa, com recortes em Libras, ou seja, palavras, frases e aspectos mais importantes da apresentação tinham momentos com traduções em Libras. Posteriormente, foram entregues os livretos para registro da referida palestra, tanto dos estudantes da disciplina do Projeto Integrador como da disciplina de Libras que participaram como pilares do projeto. Observa-se a interação efetiva entre duas disciplinas, propiciando a transversalidade do conhecimento em relação às áreas.

Cada projeto necessariamente tem disciplinas compartilhadas em relação ao produto. Nesse formato, os cursos envolvidos foram Gestão Pública, Administração, Ciências Contábeis, e as disciplinas que serviram de base para o assunto tratado nos trabalhos foram Administração e Negócios, Governança Corporativa e Gestão de Riscos, Constituição e Organização de Empresas, Análise de Demonstrações Contábeis, bem como as **próprias disciplinas orientadoras**, Projeto Integrador e Libras. Aquela edição tinha a coordenadora do curso como docente do Projeto Integrador, respectivamente, que trabalhou conjuntamente com os docentes das disciplinas indicadas em cada semestre, integrando os produtos que foram produzidos pelos estudantes, principalmente com o apoio do professor de Libras.

Cabe destacar que o Projeto Integrador consegue atingir o objetivo ao disseminar as competências formativas no ensino superior com viés nas práticas profissionais, visando à aplicação dos conhecimentos dos egressos no mercado de trabalho e à conscientização sobre a importância da inclusão social, profissional e tecnológica com o objetivo de compreender a natureza dos assuntos tratados nas disciplinas do semestre para a formação profissional, conhecer os trabalhos acadêmicos como base para reflexão e aplicar recursos tecnológicos no desenvolvimento do projeto.

Nos eventos que contam com o Projeto Integrador, geralmente, cada equipe participa da premiação, a depender do resultado. A seleção é feita com vários critérios que, somados, resultam nas seguintes premiações para primeiro, segundo e terceiro lugares. Geralmente, a equipe que fica em 1º lugar (> 9 ou = 10) recebe um prêmio de bonificação, assim como ganha pontuação na média do segundo bimestre em cada disciplina. O 2º lugar (> 8,0 ou = 9,0) ganha pontuação proporcional em cada disciplina do segundo bimestre, assim como o 3º (= 8).

Diante dessa perspectiva, observa-se que as experiências durante esse processo da disciplina do Projeto Integrador contribuem para o treinamento e desenvolvimento de competências conforme indicado no Quadro 15.

Quadro 15 - Competências desenvolvidas no Projeto Integrador

Conhecimentos	Habilidades	Atitudes	Convivência
Reconhecer os pressupostos teórico-práticos de temas relevantes: formação profissional e cidadã.	Analisar criticamente os temas para compor as etapas do produto final.	Utilizar a autonomia e a competência necessárias para atuar na profissão.	Entender o significado e a importância do coletivo.
Compreender as características do projeto e os fatores que ajudam a justificá-lo. Ler, interpretar, pesquisar.	Produzir textos utilizando uma metodologia.	Habituar-se à prática que ocorre nas organizações e perpassam a atuação de sua profissão.	Reconhecer a importância que a convivência em grupos fornece para seu desempenho profissional.
Compreender as ações do projeto, a fim de medir como são apresentadas e como auxiliam na resolução do problema.	Aplicar os conceitos relacionados aos saberes para sua formação.	Demonstrar responsabilidade em relação ao desenvolvimento das atividades individual ou coletivamente.	Aprender a conviver em grupo, formando equipes com objetivos comuns.
Identificar a forma de inserção dos profissionais na mudança da realidade de sua organização e comunidade.	Formar equipes com a intenção de alcançar resultados por meio de objetivos comuns.	Utilizar os resultados do projeto para ações sociais, organizacionais e políticas em prol do desenvolvimento da sociedade.	Entender que a sociedade é elemento importante para projetos dessa natureza.
Identificar os resultados esperados do projeto.	Aplicar os conhecimentos em suas organizações.	Comportar-se adequadamente e com equilíbrio conforme a situação.	Manter o respeito aos envolvidos no processo e em seu ambiente de trabalho.
Compreender a importância que o projeto promove para a evolução pessoal, profissional e cidadã.	Aplicar os resultados com responsabilidade social e política, contribuindo para a sociedade.	Demonstrar evolução pessoal, profissional e cidadã promovida pelo Projeto.	Conviver e dialogar com e em sociedade.

Fonte: autoria própria.

Uma das experiências descritas a seguir, a produção de jornal, promoveu a integração dos cursos de Ciências Contábeis, Administração, Pedagogia e Sistemas de Informação. Naquela edição, foram indicados temas geradores e transversais para estruturação do referido projeto, ficando decidido como **tema gerador** "O contexto profissional com dimensões sociais, econômicas e inovadoras", buscando a relação com diversidade, Direitos Humanos e étnico-raciais. O **tema transversal** foi o "Impacto do tema gerador na atuação do profissional", e o **eixo central**, "Empreendedorismo social" com os seguintes eixos transversais: conhecimento, habilidade, atitudes, entorno e valores. As **linhas de pesquisa foram:** Ensino superior e profissões com atuação na acessibilidade, Cidadania, Responsabilidade social, Sustentabilidade, Código de ética, Diversidades étnico-raciais, Assédio moral, Assédio sexual e Monitoramento de e-mails.

Nesse contexto, indicaram-se **reportagens e filmes** como motivação, instigando os acadêmicos a refletir com base nas disciplinas participantes – Gestão Empreendedora, Administração e Recursos Materiais, Psicologia Geral, Raciocínio Lógico e Quantitativo.

Para produção do **jornal**, foi disponibilizado pelo professor titular da disciplina Projeto Integrador um *template* que direcionou a produção do produto. Todo o contexto exposto foi projetado com a estruturação e definição de recortes e temas e a indicação da importância das etapas e regras do desenvolvimento e da aplicação do projeto, considerando o formato, ou seja, o jornal.

A cada edição, são repassadas aos estudantes a importância e as etapas do projeto com objetivos claros e calcados em sensibilizar sobre o eixo principal da atividade e explicar como estruturar e definir os recortes e temas em uma das edições, que foi a "Responsabilidade social no âmbito profissional". Dessa forma, enfatizou-se que o intuito era disseminar a responsabilidade profissional com a conscientização da responsabilidade social no âmbito social e econômico com inovação, e foco no tema gerador. Além disso, informou-se sobre a necessidade de pesquisa e reflexão com base nas fundamentações teóricas, mas também utilizando as reportagens que apresentassem os fatos ocorridos em relação ao tema central. Indicou-se, ainda a aplicação de instrumentos para se orientar estrategicamente quanto ao papel do profissional na atuação estratégica, tática e operacional da empresa.

Considerando que a produção de um **jornal** é uma tarefa que merece cautela, rigor, design, formato, organização e qualidade dos textos, foram disponibilizados *templates* do produto e jornais de média e grande circulação que obtiveram êxito na referida empreitada. Por sua vez, os acadêmicos foram orientados a utilizar os instrumentos de pesquisas e resultados utilizados e alcançados em trabalhos de disciplinas dos semestres anteriores nas reportagens do jornal exigidas, visando resgatar e reconhecer trabalhos que foram realizados e não obtiveram uma ação prática. Assim, é possível que eles compreendam a importância de cada atividade realizada durante as disciplinas do curso. Contudo, era obrigatório que a produção do jornal contivesse assuntos relacionados com o tema gerador. Em cada edição, é indicado o número máximo e mínimo de alunos por equipe.

Na edição de 2017, o objetivo foi disseminar as profissões e o mercado de trabalho com a conscientização das dimensões sociais e econômicas com inovação, com foco no tema gerador. Além disso, enfatizou-se a importância dos trabalhos das disciplinas, complementando com artigos e reportagens como base para reflexão. Sugeriu-se também aplicar instrumentos para orientarem-se quanto ao papel do profissional na atuação estratégica, tática e operacional das instituições, pesquisar textos, artigos, reportagens como exemplo para produção, utilizar os instrumentos e resultados dos trabalhos das disciplinas do semestre anterior e vigente.

Cada aluno – individualmente, em dupla, em trio ou em quatro componentes – deveria produzir um texto com os assuntos relacionados ao tema gerador com base nas disciplinas de seu curso. Dos textos produzidos sobre assuntos relacionados com a disciplina, o aluno deveria preparar um caça-palavras com 10 perguntas e 10 respostas, no qual uma página era somente com o caça-palavras sem preenchimento e com as perguntas, a outra página deveria conter o caça-palavras com as perguntas e preenchido.

Cada produto tinha a descrição de seu formato de produção para orientar a equipe como deve ser construído e desenvolvido. Os itens a serem apresentados eram similares com pequenas modificações, tais como: assuntos sobre conhecimentos gerais, política, sociedade, cultura, mundo, diversidade, ética, acessibilidade, Direitos Humanos, cidadania e outros de interesse do curso, sobre profissão e a Faculdade, atividades sociais promovidas pela Instituição no ano anterior, temas de relevância para a profissão dos acadêmicos e assuntos da profissão.

Para instigar e motivar os acadêmicos a refletirem e construírem ideias em relação ao produto indicado pelo Projeto Integrador, apresentou-se uma lista de filmes motivadores. Um deles é escolhido pela maioria da turma para ser projetado, a fim de que discutam posteriormente quais assuntos poderiam fazer parte de um dos critérios exigidos para conter no jornal. Naquela edição, foram indicados os seguintes filmes:

- *Rede de intrigas* (Sidney Lumet, 1976).
- *A embriaguez do sucesso* (Alexander Mackendrick, 1957).
- *Nos bastidores da notícia* (James L. Brooks, 1987).
- *O informante* (Michael Mann, 1999).
- *Talk radio* (Oliver Stone, 1988).
- *Os estagiários* (Shawn Levy, 2013).
- *Provas e trapaças* (Brett Simon, 2008).

O filme *Os estagiários*, que serviu de debate sobre o tema profissão, promoveu diversas ideias e propostas sobre mercado de trabalho, formação e emprego, talento e formação, competências e práticas. Enfim, surgiram muitos subtemas, os quais foram lançados pelas equipes nos jornais. Também, foi lançada uma atividade extraclasse solicitando uma pesquisa de campo em local que propiciasse uma coleta de dados ou informações sobre o assunto a ser debatido e transformado em reportagem no referido jornal. Orientou-se que as equipes preparassem um relatório simples sobre uma visita que poderia ser realizada com registros fotográficos, caso fosse autorizado fotografar o local. Indicaram-se ainda pesquisas em artigos, reportagens e exposições, como base para reflexão.

Considerando a importância das visitas técnicas e culturais, indicou-se à época, para apoio à pesquisa, visitação no Centro Cultural Banco do Brasil (CCBB) e Estação Cultural T-Bone. Os dois espaços promovem eventos ligados à disseminação da cultura.

Em relação aos critérios de avaliação, constavam três etapas. 1ª etapa (A) parcial, desenvolvimento do jornal: as equipes apresentaram minuta do jornal para que o professor responsável pelo Projeto Integrador pudessem fazer uma análise e, posteriormente, orientasse as equipes para os aperfeiçoamentos. Já na 2ª etapa (B), a avaliação final era dos avaliadores da banca de professores da Instituição e convidados externos. Tratou-se da apresentação do jornal por cada equipe, que devia cumprir os critérios exigidos.

Na 3ª etapa (C), todos os jornais apresentados pelas equipes foram consolidados e transformados em um jornal geral da Faculdade, trabalho conjunto que promoveu integração, raciocínio, discussão e ideias. As disciplinas participantes da edição eram Gestão Empreendedora, Raciocínio Lógico e Quantitativo, Administração de Recursos Materiais e Psicologia Geral. Assim, a equipe era avaliada conforme a produção final para a consolidação de um só jornal.

Cada equipe ficou responsável por duas seções, de forma a produzir o jornal final. Importante destacar a necessidade desse tipo de avaliação com critérios claros, considerando que os grupos têm conflitos em função de estudantes que não têm o mesmo comprometimento de ações. Assim, diante da experiência vivenciada, foi possível delinear a avaliação individual e coletiva: a) Jornal produzido: avaliação global do produto; b) Apresentação da minuta do jornal; c) Avaliação global e individual; d) Integração do grupo: avaliação global.

A edição da palestra com recortes em Libras com produção de livreto teve o apoio de monitores dos cursos de Administração, Ciências Contábeis e Gestão Pública, para esclarecer as dúvidas dos alunos; e, se fosse o caso, repassar ao professor para dirimir quaisquer dúvidas que porventura não conseguissem esclarecer.

O Projeto Integrador realizado em 2021 teve o propósito de produção de um **livro didático** ou **livro caça-palavras** que contivesse cada atividade e fosse produzido a partir da palestra realizada com recortes em Libras.

Nesse modelo, seguem-se basicamente as etapas iniciais, que são:

- Informar sobre a estruturação.
- Apresentar o objetivo de disseminar as competências formativas no ensino superior com viés nas práticas profissionais, visando à aplicação dos conhecimentos dos egressos no mercado de trabalho, bem como à conscientização sobre a importância da inclusão social, profissional e tecnológica.
- Compreender o viés dos assuntos tratados nas disciplinas do semestre para a formação profissional.
- Conhecer trabalhos acadêmicos e reportagens como base para reflexão, visando ao apoio no processo de produção.
- Aplicar ferramentas e recursos tecnológicos no desenvolvimento do projeto.

- Vivenciar meios de comunicação necessários no mercado e na sociedade (Libras).

Considerando a participação plena da disciplina de Libras, o trabalho foi realizado pelo mesmo grupo da referida disciplina (com exceção daqueles participantes que não fazem a disciplina do Projeto Integrador). Além disso, no trabalho deveriam constar a participação e o registro do nome de quem daria determinada ação do trabalho. Exemplo: fulano de tal produziu os slides de apresentação, vídeo, pesquisa etc.

A concepção do trabalho foi a multidisciplinaridade e vivência da Linguagem Brasileira de Sinais, que serviu de apoio e conteúdo para o Projeto Integrador, considerando que esse conteúdo deveria indicar algum aspecto de uma disciplina do semestre, contemplada nos cursos de Gestão Pública, Administração e Ciências Contábeis, visando transformar em uma palestra apresentada a uma banca avaliadora na semana acadêmica, juntamente com o livreto de registro da referida produção. As disciplinas participantes foram Administração e Negócios, Governança Corporativa e Gestão de Riscos, Projeto Integrador, Constituição e Organização de Empresas e Análise de Demonstrações Contábeis.

Os estudantes foram informados de que, para utilizar imagens e fotos, entre outros registros, deveriam observar a questão dos direitos autorais, buscando sites que disponibilizassem imagens que pudessem ser utilizadas sem restrições, lembrando a importância de respeitar e passar os créditos aos autores das imagens.

As equipes foram orientadas pela professora do Projeto Integrador referente à escolha dos assuntos, ao desenvolvimento da palestra, aos slides e ao livreto. O professor de Libras teve a atribuição de contribuir para traduzir e praticar, com os acadêmicos em Libras, o material tanto dos slides como do livreto, podendo também sugerir elementos que agregassem valor ao trabalho. A impressão, o tamanho e a encadernação também foram detalhados para os estudantes. Além disso, foram entregues dicas sobre a impressão de livretos. O somatório de todos os projetos seguiu o mesmo método de avaliação das demais edições.

Em outra edição, foi solicitado que os estudantes vivenciassem o universo da pesquisa, aplicando instrumentos e métodos que pudessem inseri-los nesse campo. Assim, foi solicitada a produção de um pôster com formato definido, seguindo orientações com base na ABNT para a apresentação do resumo do trabalho com viés para os temas conforme os cursos que estavam realizando: o pedagogo e a responsabilidade social; o administrador e a responsabilidade social; sistemas de informação e a responsabilidade social; e o contador e a responsabilidade social.

Assim, na experiência vivenciada com os cursos de Administração, Ciências Contábeis, Pedagogia e Sistemas de Informação, foi realizado um compartilhamento entre as disciplinas de Metodologia, Ética e Responsabilidade Social, em que tinha um coordenador do projeto, professores orientadores das disciplinas de Métodos e Técnicas de Pesquisa e Leitura, Interpretação e Produção de Texto.

Nesse projeto, foi utilizada como atividade motivadora o "Cine debate com artigos e reportagens" e filmes como: *Com o dinheiro dos outros* (Norman Jewison, 1991); *O informante* (Michael Mann, 1999); *O sucesso a qualquer preço* (James Foley, 1992); e *Amor sem escalas* (com George Clooney e Natalie Kendrick). O tema gerador foi "As organizações, a profissão e a ética", e o tema transversal foi "A ética e suas vertentes: impacto na atuação do profissional e nas organizações". O estudante poderia optar por produzir um artigo ou vídeo.

O eixo central é ética nas dimensões profissionais e organizacionais. Os eixos transversais são: ética e sociedade, ética e as profissões. Foram sugeridos aos estudantes diversos assuntos a serem abordados e desenvolvidos: a profissão e os códigos de ética; a posição do profissional na organização; o administrador e a ética profissional: código de ética; o contador e a ética profissional: código de ética; o pedagogo e a ética profissional: código de ética; sistema de informações: código de ética; os ganhos das empresas socialmente responsáveis.

Foram lançadas algumas indagações para reflexão e debate: O que é ser administrador? O que é ser contador? O que é ser pedagogo? O que é ser um profissional de sistema de informação? Qual é seu papel na sociedade? Qual é sua atuação, seu campo de atuação? Quais são suas atribuições? O que é ser ético? O que é ser responsável socialmente? Quais são suas contribuições? Sugestões de assuntos: assédio moral; código de ética; responsabilidade social; monitoramento de e-mails.

Em síntese, é evidente que as competências adquiridas pelos participantes tanto do curso de extensão em Secretariado no âmbito jurídico como os da disciplina Projeto Integrador foram de inestimável valor para suas formações. A integração entre teoria e prática promoveu uma visão aprofundada das *soft skills* necessárias para atuar eficazmente nesse campo dinâmico e desafiador.

No âmbito do secretariado jurídico, pudemos não apenas compreender os conceitos fundamentais, mas também aplicá-los em situações reais. Desde a gestão e assessoria até a comunicação eficaz, cada aspecto foi abordado de maneira prática e contextualizada. As simulações de cenários e os exemplos de caso enriqueceram a compreensão, preparando-os para enfrentar os desafios do mundo profissional com confiança e competência.

O Projeto Integrador, por sua vez, proporcionou uma forma para os acadêmicos aplicarem seus conhecimentos de maneira criativa e colaborativa. A produção de produtos, palestras, elaboração de livretos, entre outros não apenas consolidaram o aprendizado, mas também os desafiaram a pensar de forma inovadora e empreendedora. A oportunidade de trabalhar em equipe e de liderar projetos reforçou as habilidades interpessoais e de gestão, preparando-os para enfrentar ambientes de trabalho diversificados e exigentes.

Além disso, as práticas proporcionadas pelo Projeto Integrador não se limitaram ao ambiente acadêmico. Elas os conectaram com a comunidade e os permitiram contribuir de forma significativa para causas sociais e organizacionais.

Essa dimensão de responsabilidade social e cidadania corporativa reforçou a compreensão do profissional sobre seu papel na promoção do acesso à justiça e na defesa dos direitos fundamentais.

Em última análise, as experiências vivenciadas pelos participantes dos cursos não apenas os capacitaram para o exercício profissional, mas também os inspiraram a ser agentes de mudança nas comunidades.

Ao encerrar estas páginas, é impossível não refletir sobre a jornada que percorreu-se ao longo deste livro, uma jornada que transcende os limites das salas de aula e das páginas dos manuais. A exploração das experiências oriundas dos cursos de extensão de secretariado no âmbito jurídico e das práticas promovidas nos cursos de graduação pela disciplina de Projeto Integrador revelou-se uma verdadeira imersão em um mundo de aprendizado prático e descobertas constantes.

Durante o curso de graduação, desafiamos os participantes a aplicar os conhecimentos teóricos adquiridos em contextos reais, enfrentando situações que exijam criatividade, resiliência e uma compreensão profunda das demandas do ambiente profissional. A intersecção entre teoria e prática revela-se não apenas fundamental para o desenvolvimento de habilidades técnicas, senão para a formação de uma visão holística e estratégica do papel do profissional no seu contexto específico

As experiências compartilhadas ao longo deste livro ilustram as habilidades técnicas adquiridas e também o crescimento pessoal e profissional de cada um dos estudantes. Da produção meticulosa de produtos à condução de palestras inspiradoras, das colaborações em equipe à liderança em projetos inovadores, cada experiência moldou não apenas suas habilidades, mas também sua mentalidade e identidade como profissionais.

Em especial, a disciplina de Projeto Integrador emergiu como um catalisador de transformação, proporcionando um espaço para aplicação prática do conhecimento adquirido e para a exploração de novas ideias e abordagens. A produção de produtos, a realização de palestras, a criação de livretos e outras atividades os desafiaram a pensar de forma criativa e crítica, assim como os aproximaram da realidade profissional que enfrentarão além dos muros acadêmicos

Que estas páginas continuem a inspirar e orientar os futuros profissionais e que possam sempre lembrar com gratidão e orgulho as experiências que moldaram o seu percurso acadêmico e profissional.

Pílula 7:
A colaboração entre
áreas distintas muitas vezes
gera as ideias mais inovadoras.
Valorize e busque parcerias fora
do seu campo de expertise.

Pílula 8:
O futuro pertence àqueles que conseguem conectar pontos entre diferentes disciplinas. Seja um catalisador de novas soluções.

REFERÊNCIAS

BORTOLOTTO, Márcia Fernanda Pasa; WILLERS, Ednilse Maria. Profissional de secretariado executivo: explanação das principais características que compõem o perfil. *Revista Expectativa*, [s. l.], v. 4, n. 1, p. 45-56, 2005. Disponível em: https://e-revista.unioeste.br/index.php/expectativa/article/view/410/326. Acesso em: 5 jun. 2023.

BOYATZIS, Richard E. *The competent management*: a model for effective performance. Nova York: John Wiley, 1982.

BRASIL. Conselho Nacional de Educação CES 67/2002. Diretrizes Curriculares Nacionais dos cursos de graduação em Direito, Ciências Econômicas, Administração, Ciências Contábeis, Turismo, Secretariado Executivo, Música, Dança, Teatro e Design. Brasília: MEC, 2003. Disponível em: http://portal.mec.gov.br/escola-de-gestores-da-educacao-basica/323-secretarias-112877938/orgaos-vinculados-82187207/12991-diretrizes-curriculares--cursos-de-graduacao. Acesso em: 24 ago. 2023.

BRASIL. Conselho Nacional de Educação. Conselho Pleno. Resolução n. 1, de 15 de maio de 2006. Institui Diretrizes Curriculares Nacionais para o Curso de Graduação em Pedagogia, licenciatura. *Diário Oficial da União*, Poder Executivo, Brasília, 16 maio 2006. Disponível em: http://portal.mec.gov.br/cne/arquivos/pdf/rcp01_06.pdf. Acesso em: 2 jun. 2023.

BRASIL. Conselho Nacional de Educação. Conselho Pleno. Resolução n. 3, de 18 de dezembro de 2002. Institui as Diretrizes Curriculares Nacionais Gerais para a organização e funcionamento dos cursos superiores em tecnologia. *Diário Oficial da União*, Poder Executivo, Brasília, 23 dez. 2002. Disponível em: http://portal.mec.Gov.br/cne/arquivos/pdf/CP032002.pdf. Acesso em: 24 ago. 2023.

BRASIL. Ministério da Educação. Conselho Nacional de Educação. Resolução n. 3, de 23 de junho de 2005. Institui as Diretrizes Curriculares Nacionais para o curso de graduação em Secretariado Executivo e dá outras providências. *Diário Oficial da União*, Poder Executivo, Brasília, 27 jul 2005. Disponível em: http://portal.mec.gov.br/cne/arquivos/pdf/rces003_05.pdf. Acesso em: 2 jun. 2023.

BRASIL. Ministério da Educação. Conselho Nacional de Educação. Resolução n. 5, de 14 de outubro de 2021. Institui as Diretrizes Curriculares Nacionais para o curso de graduação em Administração e dá outras providências. *Diário Oficial da União*, Poder Executivo, Brasília, 1 nov. 2021. Disponível em: http://portal.mec.gov.br/index.php?option=com_docman&view=download&alias=212931-rces005-21&category_slug=outubro-2021-pdf&Itemid=30192. Acesso em: 2 jun. 2023.

BRASIL. Ministério da Educação. Conselho Nacional de Educação. Resolução n. 5, de 16 de novembro de 2016. Institui as Diretrizes Curriculares Nacionais para a área da Computação, abrangendo os cursos de bacharelado em Ciência da Computação, em Sistemas de Informação, em Engenharia de Computação, em Engenharia de Software e de licenciatura em Computação e dá outras providências. *Diário Oficial da União*, Poder Executivo, Brasília, 17 nov. 2016. Disponível em: http://portal.mec.gov.br/docman/novembro--2016-pdf/52101-rces005-16-pdf/file. Acesso em: 2 jun. 2023.

BRASIL. Ministério da Educação. Conselho Nacional de Educação. Resolução n. 1, de 27 de março de 2024. Institui as Diretrizes Curriculares Nacionais do curso de graduação em Ciências Contábeis, Bacharelado. *Diário Oficial da União*, Poder Executivo, Brasília, 28 mar. 2024. Disponível em: http://portal.mec.gov.br/index.php?option=com_docman&view=download&alias=257031-rces001-24&category_slug=marco-2024&Itemid=30192. Acesso em: 4 ago. 2024.

BRUNO, Ivone Maria. *O poder de influência do profissional de secretariado no processo decisório das organizações*. 2021. 151 f. Dissertação

(Mestrado em Administração) – Pontifícia Universidade Católica de São Paulo, São Paulo, 2006. Disponível em: https://sapientia.pucsp.br/bitstream/handle/1190/1/ADM%20-%20Ivone%20Maria%20Bruno.pdf. Acesso em: 30 jul. 2021.

CHIAVENATO, Idalberto. *Gestão de pessoas*: o novo papel dos recursos humanos na organização. 4. ed. Barueri: Manole. 2014.

CHIAVENATO, Idalberto. *Introdução à teoria geral da administração*: edição compacta. 3. ed. Rio de Janeiro: Elsevier, 2004.

COELHO JÚNIOR, Francisco Antonio. *Gestão estratégica*: um estudo de caso de percepção de mudança de cultura organizacional. *Psico-USF*, [s. l.], v. 8, n. 1, p. 81-89, jan./jun. 2003. Disponível em: https://www.scielo.br/j/pusf/a/3gn97PRQkG64HSkvPvgnrZh/. Acesso em: 30 jul. 2021.

CORDEIRO, Roselaine de Lima; GIOTTO, Olivo Tigo. Competências complementares: secretário-executivo e administrador. Secretariado Executivo em revista, [s. l.], n. 5, 2009. Disponível em: https://seer.upf. Br/index.php/ser/article/view/1776/1656. Acesso em: 20 ago. 2023.

COUTINHO, Larissa Alves Silva. *A importância do profissional de secretariado*: percepção de atuação do ponto de vista dos gerentes jurídicos. 2018. 53 f. Monografia – Faculdade de Economia, Administração, Atuária, Contabilidade, Secretariado Executivo e Finanças, Universidade Federal do Ceará, Fortaleza, 2018. Disponível em: https://repositorio.ufc.br/bitstream/riufc/41319/1/2018_tcc_lascoutinho.pdf. Acesso em: 20 ago. 2023.

DIAS, Emerson de Paula. Conceitos de gestão e administração: uma revisão crítica. *REA*, v. 1., n. 1, 2002, p. 1-12. Disponível em: http://periodicos.unifacef.com.br/index.php/rea/article/view/160/16. Acesso em: 10 jul. 2017.

DURANTE, Daniela Giareta. *Tópicos especiais em técnicas de secretariado*. Curitiba: IESDE Brasil S. A., 2012.

DUTRA, Joel Souza. Gestão de pessoas com base em competências. *In*: DUTRA, Joel Souza (Org.). *Gestão por competência*: um modelo avançado para o gerenciamento de pessoas. São Paulo: Gente, 2001.

FLEURY, Maria Tereza Leme; FLEURY, Afonso. Construindo o conceito de competência. *Revista de Administração Contemporânea*, [s. l.], v. 5, n. spe, p. 183-196, 2001. Disponível em: https://www.scielo.br/j/rac/a/C5TyphygpYbyWmdqKJCTMkN/#. Acesso em: 5 jun. 2023.

JUNQUILHO, Gelson Silva. Gestão e ação gerencial nas organizações contemporâneas: para além do "folclore" e o "fato". *Gestão & Produção*, v. 8, n. 3, p. 304-318, dez. 2001.

KANAANE, Roberto. *Comportamento humano nas organizações*: o homem rumo ao século XXI. 2. ed. São Paulo: Atlas, 1995.

KOBERNOVICZ, Andreia; ROCHA, Carla Marlana. Assessoria jurídica sob a ótica profissional de secretariado executivo. *In*: VII ENCONTRO NACIONAL ACADÊMICO DE SECRETARIADO EXECUTIVO. 2021. *Anais* [...]. Disponível em: file:///E:/rocha%209.ART_Assessoria-Juridica-sob-a-otica-do--profissional--de-Secretariado-Executivo.pdf. Acesso em: 20 ago. 2023.

LE BOTERF, Guy. *Desenvolvendo a competência dos profissionais*. 3. ed. Porto Alegre: Artmed, 2003.

MAZULO, Roseli; SILVA, Sandra Liendo da. *Secretária*: rotina gerencial, habilidades comportamentais e plano de carreira. São Paulo: Editora Senac, 2010.

McCLELLAND, David C. Testing for Competence rather than Intelligence. *American Psychologist*, [s. l.], v. 28, n. 1, p. 1-14, jan. 1973.

MENEZES, Luís César de Moura. *Gestão de projetos*. 2. ed. São Paulo: Atlas, 2003.

MORUECO, Raúl. *Manual práctico de secretariado*. Madri: RA-MA Editorial, 2006.

MUSSAK, Eugenio. *Gestão humanista de pessoas*: o fator humano como diferencial competitivo. Rio de Janeiro: Editora Campus, 2010.

NONAKA, Ikujiro; TAKEUCHI, Hirotaka. *Criação de conhecimento na empresa*: como as empresas japonesas geram a dinâmica da inovação. Rio de Janeiro: Elsevier, 1997.

NONATO, Raimundo Júnior. *Epistemologia e teoria do conhecimento em secretariado executivo*. Fortaleza: Fortaleza Gráfica, 2009.

PERRENOUD, Philippe. *Construir as competências desde a escola*. Porto Alegre: Artmed Editora, 1999.

PERRENOUD, Philippe. *Desenvolver competências ou ensinar?* A escola que prepara para a vida. Porto Alegre: Penso, 2013.

PMI – Project Management Institute. *Guia PMBOK*: um guia do conjunto de conhecimentos em gerenciamento de projetos. 3. ed. Pennsylvania: Four Campus Boulevard, 2004.

PORTELA, Keyla Christina Almeida; SCHUMACHER, Alexandre José. *Ferramentas do secretário-executivo*. Santa Cruz do Rio Pardo: Editora Viena, 2006.

QUINN, Robert E. *et al. Competências gerenciais*: princípios e aplicações. Rio de Janeiro: Elsevier, 2003.

RAMOS, Gisela Gondin. *Estatuto da advocacia*: comentários e jurisprudência selecionada. 5. ed. Rio de Janeiro: Forense, 2009.

ROLDÃO, Marriett Silva. *Manual de linguagem jurídica como ferramenta estratégica para as secretarias executivas*. 2015. [Relatório de Estágio]. Curso de Secretariado Executiva. Universidade do Extremo Sul Catarinense (UNESC), Criciúma, 2015.

SILVA, Ana Cristina Brandão Ribeiro. A atuação do secretariado executivo na gestão da informação e do conhecimento. *In*: D'ELIA, Bete; AMORIM, Magali; SITA, Maurício (orgs.). *Excelência no secretariado*. São Paulo: Ser Mais, 2013. p. 141-148.

SILVA, Ana Cristina Brandão Ribeiro. Atuação e competências do secretário-executivo: assessor, gestor, consultor, empreendedor. *In:* I ENCONTRO NACIONAL ACADÊMICO DE SECRETARIADO EXECUTIVO, XII ENCONTRO REGIONAL DE SECRETARIADO EXECUTIVO, XXIII SEMANA ACADÊMICA DE SECRETARIADO EXECUTIVO. *Anais* [...]. Biblioteca da Universidade Campus de Toledo, Campus de Toledo (PR), 2010. ISSN:2179-1457. [CD-ROM].

SILVA, Ana Cristina Brandão Ribeiro. Conhecimentos, habilidades e atitudes. *In*: PORTELA, Keyla Cristina Almeida.; SCHUMACHER, Alexandre José (orgs.). *Gestão secretarial*: o desafio da visão holística. Cuiabá: Adeptus, 2009. p. 169-179. v. 1.

SILVA, Ana Cristina Brandão Ribeiro. Gestão de pessoas: dimensões profissionais. *In*: D'ELIA, Bete; AMORIM, Magali: SITA, Maurício (orgs.). *Excelência no secretariado*. São Paulo: Ser Mais, 2013. p. 149-156.

SILVA, Beatriz Xavier Ferreira da; NETO, Victória Carolina; GRITTI, Neusa Haruka Sezaki. Soft Skills: rumo ao sucesso no mundo profissional. *Interface tecnológica*, Taquaritinga/São Paulo, v. 17, n. 1, p. 829-842, 2020. Disponível em: https://www.researchgate.net/publication/343404928_SOFT_SKILLS_rumo_ao_sucesso_no_mundo_profissional. Acesso em: 2 jun. 2023.

SPENCER JUNIOR, Lyle M.; SPENCER, Signe. M. *Competence at work*: models for superior performance. Nova York: John Wiley, 1993.

THIELMANN, Ricardo; SILVA, Monique Sampaio Corrêa da. A importância da gestão de projetos para inovação de empresas: o caso do setor de energia. *In*: SIMPÓSIO DE GESTÃO E EXCELÊNCIA EM TECNOLOGIA. *Anais* [...]. Rio de Janeiro, 2013, p. 1-17. Disponível em: https://www.aedb.br/ seget/arquivos/artigos13/991872.pdf. Acesso em: 2 jun. 2023.

VERGARA, Sylvia Constant. *Gestão de pessoas*. 3. ed. São Paulo: Atlas, 2003.

WERNECK, Vera Rudge. Sobre o processo de construção do conhecimento: o papel do ensino e da pesquisa. *Ensaio*: Avaliação e Políticas Públicas em Educação, Rio de Janeiro, v. 14, n. 51, p. 173-196, abr./jun. 2006. Disponível em: https://www.scielo.br/j/ensaio/a/yy5rBTwpxjnh4mq7QWcFDwN/. Acesso em: 2 jun. 2023.

ZARIFIAN, Philippe. *Objetivo competência*: por uma nova lógica. São Paulo: Atlas, 2001.